知识生产的原创基地

BASE FOR ORIGINAL CREATIVE CONTENT

颉腾商业

JIE TENG BUSINESS

Be Data Literate

The Data Literacy Skills Everyone Needs to Succeed

数据思维

人人必会的数据认知技能

[美] 乔丹 · 莫罗（Jordan Morrow）著

耿修林 译

SPM 南方传媒 | 广东经济出版社

· 广州 ·

图书在版编目（CIP）数据

数据思维：人人必会的数据认知技能 /（美）乔丹·莫罗著；耿修林译．—广州：广东经济出版社，2022.4

ISBN 978-7-5454-8136-5

Ⅰ．①数… Ⅱ．①乔… ②耿… Ⅲ．①信息素养－研究 Ⅳ．① G254.97

中国版本图书馆 CIP 数据核字 (2021)255987 号

版权登记号：19-2021-269

策 划 人 颉腾文化　　**责任编辑** 陈潇　林跃藩　王春蕊
封面设计 Colin

数据思维：人人必会的数据认知技能
SHUJU SIWEI：RENREN BIHUI DE SHUJU RENZHI JINENG

出 版 人 李　鹏
出版发行 广东经济出版社（广州市环市东路水荫路 11 号 11 ～ 12 楼）
经　　销 全国新华书店
印　　刷 北京市荣盛彩色印刷有限公司（河北省保定市涿州市常家庄村）
开　　本 640 毫米 ×910 毫米 1/16
印　　张 17.5
字　　数 139 千字
版　　次 2022 年 4 月第 1 版
印　　次 2022 年 4 月第 1 次
书　　号 ISBN 978-7-5454-8136-5
定　　价 79.00 元

图书营销中心地址：广州市环市东路水荫路11号11楼
电话：（020）87393830　邮政编码：510075
如发现印装质量问题，影响阅读，请与本社联系
广东经济出版社常年法律顾问：胡志海律师

致 谢

仅以此书献给我美丽聪慧的妻子和我那五个阳光帅气的孩子，没有你们默默的支持，本书是断难完成的。

Translator's Preface | 译序

一

30 多年前我在北京读书期间，一次偶然的机会看到当代著名印度裔美籍统计学家拉奥（Calyampudi Radhakrishna Rao）为纪念印度传奇数学家拉马努金（Srinivasa Aaiyangar Ramanujan）在印度各地所做演讲的文集，当时我对演讲稿的内容似懂非懂，但其中的一句话却给我留下了深刻印象，这么多年来一直萦绕在我心头。拉奥说："总有一天统计也一定会像听说读写一样，成为文明社会公民的一种必备能力。"我也曾多次尝试过以统计素养为关键词写点东西，但最后都不了了之。今年 4 月初，我突然收到好友欧俊先生的邮件，问我有没有兴趣翻译《数据思维》这本书，他的邀约猛然间勾起了我的回忆。我稍作酝酿便给欧俊先生回了邮件，讲了我的时间安排，作为教师，上课时间是必须预留出来的。欧俊先生很快给我发来了这本书的原文电子版，我利用清明节假期试着翻译了第 1 章内容，并把翻译好的初稿发给欧俊先生看，如果能达到他的要求，我就继续做。统计素养也好，数据素养也罢，对多数人来说，不过是需要懂点统计知识和数据知识而已，为什么人家就能把这件大家并不以为然的事写成这样的一本书呢？带着这份好奇，秉承着学习的心态，也是为了了却我多年来的心愿，我利用所有可以支配的时间紧锣密鼓，一边学习一边赶译此书。非常感谢欧俊先生的信任，也非常感谢欧俊先生为我提供的十分难得的学习机会！

二

近年来，“大数据”概念、“数字化时代”被炒热起来，铺天盖地地席卷了社会生活的方方面面，关于怎样引导和塑造文明社会公民的数据意识、数据思维、数据认知技能也因此受到了专家学者和业界的广泛重视，在我看来，数据思维或者数据素养可能包含以下几种形态：①提高数据及其应用的意识，也许我们没有使用到数据，但需要知道从数据出发和使用数据也是一种解决问题的思路，要懂得数据是资产也是生产力的要素。②掌握一些数据处理和分析的基本方法，能够对数据资料进行透视，并能从数据中提炼出有价值的信息。③了解和掌握数据分析方法和建模的适用条件，这一点对那些做高级数据处理和分析的人来说是极其重要的，因为它涉及怎样才能把数据分析做得更符合数据科学的要求、更符合数理逻辑。④能够看懂数据处理结果，并能从统计角度或数据科学的角度进行认识，同时能与专业领域的分析认识有机地结合起来，须知数据及其处理结果，应该有两种认识，一是统计认识或数据科学认识；二是就数据信息和数据分析中发现的问题进行相关专业领域的解读，以服务于决策需要。对第一种形态的数据素养，其实就是一句话的事，就是不断宣传我们要关心数据，把数据当成财富或者能创造财富的东西。至于其他几种形态的数据素养，除统计工作者、数据科学家、数据处理软件工程师之外，对绝大多数人往往是不适用的，即便是为提高全体公民的数据素养水平，也终究不可能让这些人重回校园去学习数据处理方面的知识。

三

literacy 的中文意思是“识字、有文化、读写能力”等。乔丹·莫罗先生的《数据思维》，正是从这个非常基础甚至原始的含义出发来谈论数据素养的。

首先，乔丹·莫罗指出，随着技术的进步，互联网、物联网、电子商务、社交网络、智能通信工具的发展，我们已经生活在了这样一个时代：数据已经成为社会管理、企业管理乃至我们个人生活中的“新石油”。作者通过引用典型的调研资料，提出了人们普遍存在着数据认知技能的水平与数字时代的要求不相符的观点，同时点明了产生这一问题的主要原因。

培养数据素养或数据思维当然是要有意识地利用数据资料，学会从数据资料中提炼出有价值的信息，学会运用数据和信息来帮助论证和说明问题，直至找出解决问题的方法。这样一来，凡是需要用到数据资料的地方，数据素养和数据思维就能发挥作用，也需要它们发挥作用。可是，这样的理解未免过于泛化，不仅如此，还会让人觉得这样的想法有些不着边际。为此，乔丹・莫罗对可能用到数据素养和数据思维的场景做了很好的分类。他认为数据运用和分析场景可以划分成四大类，分别是描述性分析、诊断性分析、预测性分析和指导性分析。其中，描述性分析主要是对客观现象、过去和现在正在发生的情况进行认识，以便从数据的角度再现现象发展变化的过程及其状态；诊断性分析主要是帮助人们找到现象或问题产生的原因，即是什么导致了这样的数量表现；预测性分析是对现象未来的发展状况进行预报分析，告诉人们将来可能是什么样的情况；指导性分析是在前面三类分析的基础上，提供管理行动方案和建议。

既然我们已经置身于数据的汪洋大海之中，既然我们已经知道了数据在哪些场合下有着重要的应用，那么接下来，乔丹・莫罗就着重探讨了什么是数据认知素养，也就是数据素养的内涵是什么。乔丹・莫罗认为，数据素养是一种能力，它包括阅读数据资料和信息的能力，用数据开展工作或活动的能力，分析数据的能力，用数据进行表达、对话和沟通的能力。作为读者和译者，我认为，乔丹・莫罗先生从素养（literacy）最基本的内核入手，全面地诠释了数据素养的内涵和外延。此外，乔丹・莫罗还对阅读数据、用数据开展工作、分析数据和数据沟通几个方面刻意作了非常淡化和矮化的解释，相信读者读完这本书后也会有这样的体会。作者所做的一切，旨在告诉人们，阅读数据、用数据开展工作、分析数据等，不仅仅是统计工作者和数据科学家的事，更不是只有统计学家和数据科学家才能胜任的事，对大多数人来说，只要有明确意识，只要注意培养数据生活习惯，同样可以做到。

数据资料和信息的运用主要有四类场合，数据认知素养包含四个方面的典型特征和内容，两者之间有什么关系呢？在这本书中，乔丹·莫罗细致地阐述了在描述性分析、诊断性分析、预测性分析和指导性分析中，如何阅读数据和信息、用数据开展工作，描述了数据分析和数据沟通的点点滴滴，有机地把数据分析的四个层次和数据认知素养的四个特征紧密地结合了起来。

数据认知素养并非人类的本能，但可以通过教育、学习和培训得到弥补和提高。在这本书中，乔丹·莫罗先生勾勒了数据认知素养的学习方案，认为针对和数据打交道的不同角色，数据认知素养学习的方案可以存在差别和有所侧重，给出了针对组织中不同角色所需的数据认知素养的学习方案和步骤。他呼吁，要想改善和提升员工的数据认知素养，尽力营造组织的学习文化氛围是至关重要的。

既然并不要求每个人都成为统计学家或数据科学家，那么推广提高数据认知素养运动的根本目的是什么呢？我们知道，无论是从事社会管理、企业管理，还是我们经营个人的生活，都需要以问题为导向，以科学理论为指导，以专业知识为支撑，而利用数据或者在数据的基础上开展量化研究，只是一种辅助性的手段，大量的数据处理和模型分析为增强其实用性，学会利用一些数据处理软件是必要的，但所有这一切最根本的落脚点是要能形成对客观事物的认识并做出决策。乔丹·莫罗先生在这本书中，指出了培养公民的数据认知素养，根本目的是做出更好的决策。为此，他专门谈论了数据认知素养在管理决策中的作用及其体现。他按照提出的数据知情决策的逻辑过程，详细说明每个环节中数据认知素养的意义和作用。

短短几十年的时间里，我们经历了“信息时代”（计算机普及、互联网和物联网）“数据时代”“大数据时代”“数字化转型”一波接一波的炒作浪潮，在今天，我们仅就数据本身来谈论数据认知素养可能已经不合时宜了。面对大量的新技术、新发明的应用，我们有必要认识数据世界的广阔空间。在这本书中，乔丹·莫罗先生还谈到了商务智能、人工智能、机器学习和算法、嵌入式分析、云、边界分析、地理分析等，以及其与人们数据认知素养之间的关系。他在书中指出，只要我们每个人带着好奇心、创新性思维、批判性意识，从最基本的数据及其分析运用开始，本着“娱乐化”的心态，找到自己感兴趣的话题不断实践，就一定能在实践中不断提升自身的数据认知素养。

乔丹·莫罗先生的《数据思维》，全书没有介绍和讲解任何数据处理的具体方法，完全从思辨式思考的角度谈论数据认知素养的知识体系，堪称数据素养和数据思维“哲学”层面的论述。所以，人们认为乔丹·莫罗是“数据素养的代言人”“数据素养运动之父”，这并不是为朋友站台而说出来的虚妄的、恭维的话。按照乔丹·莫罗先生的意思，不仅“数据盲”的人需要提高数据素养，就是那些统计工作者、数据科学家、数据处理软件工程师，也需要提升他们的数据素养，因为这些掌握“技术”的人，面临着如何与“非技术”类型的人广泛开展数据和信息沟通的问题。

四

下面，对几个关键词本书采用的译法稍作说明。

（1）Data literacy。这个词语可以译成“数据素养”（国内翻译过来的同类题材的图书，基本上都采用这种译法），“数据读写能力、数据文化水平、数据知识扫盲”（由此可引申译成“数据知识入门”）等。对于该词，本书中采用的译法是数据认知素养，在数据素养还没有成为家喻户晓的熟语的时候，加上一个修饰语“认知”，感觉似乎更明确些。

（2）Analytics。我读过多本数据分析类的图书，一般将“Analytics”翻译成“分析”。不过，对“Analytics”一词本书采用的翻译是“数量解析”。例如：“Data and Analytics”，本书译成“数据与数量解析”，如果直译成“数据分析”或者“数据与分析”，感觉稍显平淡。更何况，数据科学本质上应该属于“从数量角度研究问题的学科”，不仅涉及一般的数据分析的统计知识，而且可能包括数据挖掘、仿真模拟、运筹优化分析、数据建模、风险决策等。把“Analytics”译成“数量解析”，似乎能够包含更多的内容，也比较符合和兼顾了数据分析四个层次（描述、诊断、预测、指导）的内容。

（3）Working with Data。这个短语的原意是“操作数据”“使用数据”，有的书中把它翻译成“处理数据”。本书对这个短语的翻译是“用数据开展工作”，原因是，作者在书中花了不少笔墨讲解了“工作”的意义，并且引用了马克·吐温的金句：“工作和娱乐在某种场合下，它们的含义是一样的。”把“Working with Data”译成“用数据开展工作”，虽然不够简洁，有时甚至显得有点累赘，但我感觉比较契合原书作者的意思。

（4）Data Informed Decision-making。这不仅仅是一个短句，也是一个术语。翻译这句话的难点在于怎么理解和应用“Informed”，可以把“Data Informed Decision-making”译成“基于数据的决策”“根据数据丰富信息所做出的决策”“明智的决策”等。但本书在翻译的时候，把它译成了“数据知情决策”。这样的翻译，虽然没有“根据数据丰富信息所做出的决策”那样明确，但比较简洁且符合术语叫法的要求。

（5）Data and Analytical Strategy。原书中多处提到“Strategy”（策略）一词，如果把“Data and Analytical Strategy”译成“数据与分析策略”或“数据与数量解析策略”，就感觉不能表达确切的意思。根据作者在文中的表述，好像它是数据分析的一揽子方案和总体计划愿景。例如，盖房子不仅需要准备木材、水泥砂石、砖瓦、锤子、钉子等，还需要有施工图纸、了解房屋主人的愿望。因此，“Data and Analytical Strategy”可以翻译成“数据与数量解析总体方案及计划愿景”。但感觉这样翻译有点累赘，所以译文中采用的是“数据与数量解析策略”，希望读者在阅读的时候稍加注意。

（6）Organization。该词的中文翻译有“组织”“团体”“机构”等。原书在几乎每个章节中都用到了“Organization”，根据上下文情境知道它的意思是“企业”，只是在少数地方指的是“非企业”的情况。所以，本书将“Organization”全部译为“组织”。

五

本书篇幅不多，翻译历时两个多月，本着学习的目的，全书翻译由我独自完成。尽管我希望能做得更好，但由于个人的能力和学识不逮，翻译中难免存在疏漏之处，恳请读者批评指正。

Preface | 前言

谎言有三种：谎言、该死的谎言和统计数据[1]

有人认为上述语录是人们口口相传的，也有人认为马克·吐温（Mark Twain）是始作俑者。姑且不谈这些，但这个“金句”却折射出我们今天生活的现实。我们置身于这样的一个世界：充斥着统计资料、数据、信息、数字、文字材料等（当然也包括图片），它们各自向我们讲述着事实的桥段，周而复始地带给我们资讯。对呈现在我们面前的数据和信息，理解领会它们是不是一件容易的事呢？答案是否定的，相反，人们经常不自觉地错误和扭曲地使用了这些数据和信息。事已至此，我们能有什么作为吗？

我正式开启我的数据认知素养世界的探索之旅是在2016年6月。不过在此之前，我的一些初步想法已经在酝酿。人们喜欢用这样的绰号称呼我：“数据素养教父（Godfather of Data Literacy）”“书呆子首席官（Chief Nerd Officer）”。说真的，我更愿意大家叫我“书呆子首席官”。过去的几年，围绕着数据素养这个主题，我在持续地丰富、拓展和完善自己的所思所想。呈现在您面前的这本拙著，字里行间都闪耀着我的思考，期望有益于您对数据素养、数据和数据解析的探求。

相比于类似选题的数据与数量解析的图书，《数据思维》的撰写手法有所不同。大多数人都很清楚，这类选题的图书无法与那些有着能够引起骚动、令人惊羡不已的题材的图书同台 PK，也不太可能登上畅销书榜单。然而对于我来说，数据思维却是那样令人如痴如醉。借助《数据思维》这本书，我希望把我对数据素养的深度理解传达给读者，在这个数据驱动逐步变成现实的激动人心的时代，希望大家带着自己的建树和追求参与进来。感谢您抽出宝贵的时间坐下来阅读《数据思维》，我尤其期盼这本书能激发您的好奇心，唤起您对数据认知技能的重视。我始终坚信：良好的数据认知素养，能使我们的人生更加美好。

参考文献

1. Anon(2012). lies, damned lies and statistics, University of York. www.york.ac.uk/depts/maths/histstat/lies.htm.

Contents | 目录

04　数据认知素养“伞状”构成

05　数据语言的阅读和表达

06　数据认知素养与数量解析四个层次的结合

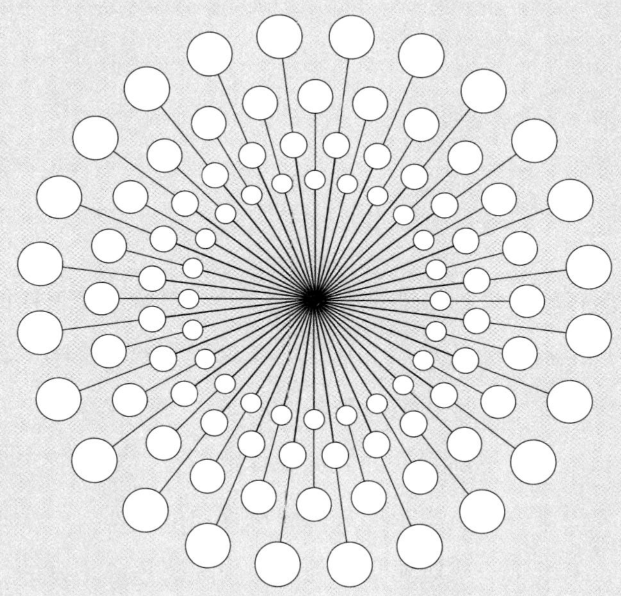

01

数据的世界

你有没有琢磨过：未来会是什么样子？职场有着怎样的趋势？机器人和技术真的会独步天下甚至会夺走我们的饭碗吗？还有什么发明正蓄势待发？也许我们最为关心的是，飞行汽车什么时候会出现？未来总是充满不确定性，但可以肯定的是，塑造着未来的发明一定是人类还没有创造出来的甚或想所未想的东西。一个不可否认的事实是，未来的一些职业肯定是我们现在还想象不到的。尽管面临着各种各样的不确定因素，但有一件事确信无疑，那就是数据一定会构成未来社会生活的一部分。不久的将来，令人耳目一新的发明和新型职业会层出不穷。然而，在我们静待和观望诸如此类事情发生的时候，我们应该认识到数据的威力已经初见端倪。事实也雄辩地表明，数据的力量虽始于今天但一定隆兴于明天。

数据的世界是惊人的、巨大的，并为每一个个体提供了不可估量的增长契机。很长一段时间以来，个人和组织在试图用数据推动成功的过程中一度出现了停滞不前的局面。这种情况不应该再发生了，人类必须携手共进，盘活数据这个庞大的资产。

数据可称为“新石油”，它就像水一样可以拯救生灵，除此之外，数据还有很多其他老生常谈和过度炒作的叫法。然而，不容否定的事实是，数据确实是一种资产，一旦使用得当，不仅能助推进步，而且能确保取得成功。数据可以帮助人类获得见解和知识，有赖于此，人类就能更好地把控未来。总之，对数据世界的全面认识是必不可少的。

数据：我们生活的世界

不是什么秘密了，我们已经陷入了技术和数据的汪洋大海之中。在纽约和伦敦这样的大都市，当你走在大街上，稍微留意一下身边来来往往的人，几乎没几个不在低头看手机，这已经构成了城市的一道风景线。我们来做个测试：当你漫步在大城市的街道上，数一数有多少人在看手机，又有多少人没有看手机。如果再加上那些一边通着电话一边和你打招呼的，为数就更可观了。当然，也不要忘记检视你自己，或许你也在看手机或通着电话呢。

在过去的 50 年里，尤其是最近 30 年，随着互联网、个人计算机、智能手机等的出现，技术和数据发生了翻天覆地的变化。想想啊，宇宙大约有 138 亿年历史[1]，地球大概 45 亿岁[2]，在时间的长河中 30 ~ 50 年根本不算什么。然而，就是在这 30 ~ 50 年的时间里，个人计算机、移动电话一跃成了我们生活的必需品。30 年，弹指一挥间。现在对我们这个时代的人来说，没有计算机、不用移动电话，简直是无法想象的事。个人计算机也好，移动电话也罢，它们都在产生着数据。互联网呢？它的出现离我们时间更近。互联网崭露头角是20世纪90年代初期的事[3]，90年代后期才得到普及。短短的十几年时间，互联网已经走进千家万户，我们的工作和生活几乎一刻也离不开它。正是得益于个人计算机的普及，技术的发展非但没有放缓节奏，反而保持着持续的进步。耐人寻味的是，我们不断看到创新、进步，以及数字世界方方面面的演进和扩展。所有这些都直接影响着我们的生活方式。接着这个话题，最为重要的是，所有这些对数据的生命力和功能会产生深刻的影响。

当互联网为人们所接受的时候，人们对它的使用热情有增无减。互联网改变了组织、教育和我们的生活方式。我们的生活方式不仅因此得到改变，而且得到了极大的改善。

互联网使我们能够以前所未有的速度去学习、改进和发展，当互联网与个人计算机、功能更为强大的智能手机结合起来，个人和家庭有可能会把计算机的力量注入日常生活。不需要通过销售员的上门推销，人们就能把比《不列颠百科全书》内容还要多得多的东西带进自己的生活，不仅如此，人们还能很快地获得问题的答案。这已经演变成了我们今天称作“谷歌”的事物，Google这个单词现已收录进《韦氏词典》（*Merriam-Webster's Collegiate Dictionary*）[4]。

随着数字技术的不断发展，我们见证了电子商务的成长，也看到了像亚马逊（Amazon）这样的公司的问世。电子商务改变了消费者的购买习惯。与此同时，我们也见证了互联网泡沫的膨胀与破灭。一些没有什么值得看好的业务方向的企业，却得到了超出其价值的估价。其中，一个典型的例子就是 Pets.com。该企业创办于 1998 年，随即在 2000 年便关门了之[5]。随着互联网泡沫的破灭，各种各样的互联网网站顺势而生，这个世界走入了社交网络媒介时代。社交媒介打开了消费者画像的大门，公开展示了人人都可以看得见的数字和数据世界，无论是自拍照还是食物图片，抑或我们喜爱的各种各样的产品。这一切，不管对个人还是对企业来说，都是可供利用的消费数据。原因是，我们每个人都希望有针对性的广告来为今晚的晚餐做出决定。

随着社交媒介时代的到来，以及其产生出来的有趣数据，2000 年一种连接和数据采集的新技术登上了前台，这就是人们所称的物联网（Internet of Things，IoT）。什么是物联网？所谓物联网，就是在物与物之间搭建的连接。举个例子，汽车或飞机上安装了传感器，当汽车、飞机的引擎或其他部件处于工作状态时，传感器就开始采集相关信息和数据，所以传感器和引擎就连接起来了。这里插入一句题外话：IoT 是不是起始于 2000 年？不是的，许多人可能也不知道这一点。IoT 在 1999 年正式获得命名，不过，作为 IoT 最早的事例之一，是从多年来一个人们司空见惯的简单现象中发现端倪的，这个现象产生于可口可乐投币式自动售货机。自动售货机问世于卡内基梅隆大学（Carnegie Mellon University），在这台自动售货机上，人们可以通过互联网连接到冷藏设备，然后在前往自动售货机并购买上述饮料之前，先检查一下饮料是否凉爽[6]。为做出敏捷决策，借助连接（如IoT）来使用数据，多年来一直萦绕在人们的脑海中。我们究竟应该怎样使用我们采集的信息和数据，以改善我们生活和工作中的决策？拿亚马逊和网飞（Netflix）来说，它们通常是怎样搜集我们的数据的？是怎么知道给我们推荐我们想要的东西的？经常……你猜怎么样？大多数时候，它们给我们的推荐都是正合我们心意的。

尽管IoT的雏形早在20世纪80年代就出现了，但它的蓬勃发展只是近几年的事情，以致人们近几年才逐渐了解它。例如，想象一位热爱超级马拉松的跑步者，当这位跑步者在野径和公路上跑步的时候，几年前还没有什么太多的技术设备围绕着他的训练采集数据和信息，以帮助他成长……，或者我们只能说对这位跑步者的“成长”帮助微乎其微。难道我们不需要一块手表式记录仪吗？它可以帮助我们了解跑步过程中的每一个可能的方面，如运动量、步速、节奏。如今，跑步者所戴的运动手表捕获了比他们可能需要的更多的信息，并且可以通过上下翻动页面实现快速浏览。用手表采集数据是一个有趣的例子，我们可以阅读、扫视和讨论，但是在当今世界中，所有这些因素中都有一个关键因素出现了：围绕着我们的连接和技术进步，在我们的生活中正产生出越来越多的数据。物联网其他一些现实的事例有哪些？我们看到的进步或能帮助、塑造和决定我们生活方式演变的事物有哪些？

作为优秀企业的样板，劳斯莱斯（Rolls-Royce）公司在利用连通性、数字化和数据生产方面做得可圈可点。劳斯莱斯公司不再只是一家只生产高品质发动机的出色的工程公司。现在的劳斯莱斯公司是一个功能强大的数据驱动型组织，它利用物联网和连接性来交付和生产对公司至关重要的数据[7]。劳斯莱斯公司利用数据功能的一个例子，就是它采用预测性的预测方法监测发动机的维保[8]。通过利用传感器和传感器产生的信息，劳斯莱斯公司掌握着如何预报和干预飞机引擎可能出现的任何问题的技术，以确保飞机的飞行安全。与连接性有关的另一个典型事例，可能就是与我们每个人都息息相关的医疗保健。利用就诊预约产生的数据和信息，可以为那些有需要的人制订更好的诊疗方案[9]。随着就医成本的不断攀升，更直接的和定制性的服务让患者不需要进医院，就能获得更好的医疗体验。

在体育领域，数据与数量解析应用也得到了深度开发和巨大发展。很多人听说过或看过电影《点球成金》（*Moneyball*）。这部影片向我们展示了，数据与数量解析可以极大地影响一支运动队，帮助一支小型棒球队获得胜利。在这方面还有一个很好的例子，就是国际篮球运动，尤其是美国国家篮球协会（National Basketball Association，NBA）。尽管不是所有，但大多数 NBA 球队都聘请了数据分析专家。这些专家的任务，就是从搜集到的信息中探求篮球运动员未来发展的趋势和模型，如寻找价值被低估的选手，为交易选手转会和其他目的创造价值。NBA 球队运用数据和技术的另一种做法就是监测球员们的疲劳和睡眠水平，让球员们了解如何改善训练、防止受伤等。NBA 利用数据与数量解析还有一种有趣的做法，就是通过举办一年一度的黑客松（hackathon）①，旨在帮助 NBA 寻

① 黑客松（hackathon）：又叫编程马拉松，是流行于黑客人群中的用词。——译者注

找更富才华的新的数据分析师。你知道吗？数据分析使得比赛中三分球命中率得到了极大的提高[10]。

不仅仅是NBA获得了数据带来的乐趣，现在的日常用品也能够利用数据的力量，如智能手表、智能手机、洗碗机、冰箱、供暖和空调系统、汽车等。连同这些产品和工具，许多其他领域也正在以令人难以置信的速度生成数据。再联想到社交媒体网站、亚马逊和易见（eBay）这样的电子商务网站、刷信用卡等所产生的信息。总之，每天产生的数据是一个大得惊人的数字。2019年，“世界经济论坛”（World Economic Forum）峰会传出[11]：

· 每天有5亿条推文发出；

· 每天有2940亿封电子邮件发出；

· 从每个连接的车辆创建4TB的数据；

· 到2025年，全球范围内每天预计将创建463EB的数据。

设想我们所有人仍然播放DVD而不是光顾网飞，那相当于212 765 957张DVD。这是一个令人难以置信的数据！这对我们来说意味着什么？意味着我们无法观看完我们制作的所有DVD。对此，我们应该怎么办呢？我们应该怎么处理这些信息？

当然，组织和个人都在利用这一惊人的数据资产，对吧？很明显，组织不缺乏数据，它们有能力从数据中获得见解，并依此做出明智的、基于数据的决策，是不是这样的呢？事实却完全不同。有关研究和数据告诉我们一个事实：在数据的世界里存在一个很大的技能不足，阻碍了组织利用自己宝贵的数据资源和数量解析能力取得投资成功。

数据：技能差距

要理解这一巨大的技能差距，就需要了解数据技能的概貌。数据和分析公司 Qlik 能帮助我们了解当前全球的数据技能状况，以及这些技能可能存在的差距。Qlik 公司从 2017 年 8 月到 2018 年 2 月的一项研究，揭示了全面的数据认知素养和数据技能的状况，并提供了对有关人员及其技能水平和数据使用舒适度的宝贵见解[12]，其研究结果令人震惊。这项研究显示，在做决策的人中，只有 24% 的人对他们的数据认知素养表现出自信。注意：仅有 24%！对于这些在组织中做决策的人来说，这个数字实在低得吓人。在某些情况下，这些决策人同样承担着或做出数据驱动的决策。既然有这么大的差距，我们还能相信这些决策吗？

当组织设置数据与数量解析策略时（希望它们能这样做，但实际状况可能不是这样），它们希望执行团队来制定、授权和指示方向，以便可以制定策略并有计划地利用数据来改善业务。就拿上述调研来说，猜一猜执行团队对他们使用数据的技能充满自信的比例有多少？32%！这还是执行经理层面，才仅占近 1/3。如果我们认真地对此进行评估，那么 32% 可能都太高了。我敢肯定地说，企业执行层面利用数据的真实水平和他们拥有的数据认知素养不会超过 32%。如果是高级管理层在确定组织的数据愿景和战略，那么就需要 24% 的决策者执行所说的策略和愿景。对自己的数据技能信心不足的决策者，怎样才能真正有效地执行任务呢？据此，我们大概能看到与技能差距有关的问题了吧。

对那些即将进入职场的人又是怎样的呢？如新生代员工。Qlik公司的调研表明，年龄段越低的组，对自我的数据能力和数据认知素养越不自信。例如 16 ~ 24 岁的组中，只有 21% 的人对他们的数据能力和数据认知素养有自信。这个比较低的占比，不禁让人产生了这样的疑问：这个年龄段的人怎么对自己的数据认知素养如此不自信呢？他们不是自然地或已经对数据有信心了吗？这是一个意味深长的问题，需要深入地了解该年龄段的人口统计信息。截至 2017 年（研究正在进行期间），那些 18 ~ 24 岁的人，成长于数字化时代，那时互联网和个人计算机已经在我们的生活中无处不在了。这个年龄段的人，他们的成长一直伴随着技术、社交媒介、互联网……然而，这并不意味着他们同时伴随着数据和数据分析的利用在成长。这个年龄段的人，应该很有数据思维，不应该对数据一无所知。

总之，在上述研究中，大约 1/5 的人对他们的数据认知素养有自信，仍然给组织留下了巨大的有待填补的空间。这就是问题所在：如果组织正在寻求利用数据与数量解析，但又存在巨大的技能差距，那么它们怎么利用得了呢？另外，对一个组织来说，缺乏数据素养和数据自信，会带来什么样的影响？是否有可能触及底线呢？

数据素养和技能差距对人类的影响应该不会是言过其实，2019 年开展的一次调研表明：“只有 32% 的被调查企业高管认为，他们能够从数据中创造显著的价值，与此同时，只有 27% 的人认为数据与数量解析项目产生了可操作的见解。[13]”这再次表明了，如此低的占比与数据认知素养技能缺乏有着直接的关系。如果考虑到动辄数百万甚至数亿美元被投入数据与数量解析，以及相关的软件和技术的项目中，我们肯定会质疑这么大规模的投资会有多少钱是白白浪费掉了。如果总人口的 1/5 相信自己拥有数据技能，而企业高管没有实现这样的价值，由此而产生的损失就更不可估量了。

那么缺乏数据认知素养会对我们造成怎样的影响呢？对我们每个人会产生怎样的影响呢？上述研究就展示了，数据缺乏和成功的数量解析是怎么被量化的。当深入挖掘上述调研结果，我们发现由于这种巨大的技能差距，每个人被呈现在他们面前的大量的数据和技术搞得手足无措。在上述研究中，超过 1/3 的受访者表示，他们会选择其他与数据无关的办法来完成任务，14% 的受访者说他们干脆采取回避的态度，既不用数据也不寻找其他替代的办法。对数据感到厌倦和不堪重负的前景更让人感到震撼，参照工时来算表现为每位员工损失的工时：由于对数据技术感到厌倦和不堪重负，损失 5 个工作日，甚至更多，每名员工每年损失 43 工作小时。对此，如果把它们折算成美元，这将会产生多大的损失啊！数目或许不是太小。上述研究告诉我们，因为这些东西对美国经济造成的损失达到 1000 亿美元。你有没有被这个数字吓着？现在我们需要问问自己，为什么我们如此不知所措，为什么会存在如此巨大的技能差距？

数据：为什么存在技能差距

存在如此巨大的技能差距，一定是有原因的，对吧？一定存在导致这种技能差距的驱动因素，但它们会是什么呢？就数据技能的巨大差距这个事例来说，其产生的原因可能存在许多答案。产生技能差距的这些原因或者驱动因素、助长器表现为多种多样的形式，有的来自教育和培训，有的是技术设备和软件方面的问题，有的或许与数据产生的本身有关。在逐一解剖这些因素的时候，无论从个人层面还是从集体层面，想一想它们是怎样影响着你的职业生涯，怎样影响着你利用数据和分析数据的能力的。

软件和技术设备方面

有人可能会问：软件和技术为何能成为产生数据技能差距的原因和因素？软件和技术不是对我们很有帮助吗？难道不是软件和技术的发展进步才缩小了我们的技能差距吗？好的，问得一点都没错！对后面的两个疑问，我给出的答案是肯定的。对数据与数量解析问题，如今的软件和技术设备确实在帮助我们从数据与数量解析中找到结论和答案，并因此带来了实实在在的业务活动成果。客观地讲，假如我们接受过足够的培训和教育训练，软件和技术设备就能助人类一臂之力。

问题出在软件和技术上各种各样的投资，已经被个人和企业操纵了。设想一下，你是一家开发数据与数量解析策略公司的老板，旨在成功实现数字和数据革命，一个很聪明的推销员来到你的办公室跟你说："我们这款新型软件能实实在在地满足你数据与数量解析的需要。"如果他说："我们的软件能解决你们的数据和分析的一揽子需要。"然后，他会向你抛出一大串动人的说辞，希望你购买他们的软件。这时，你可能会去观看通过他的笔记本计算机或投影播放的刻意准备好的示范和案例。根据这些完美的示范，你可能决定投资这款软件并向员工们推介。组织向员工推介数据和分析软件，常被称为“数据民主化”（Democratization of Data）。不得不说的是，数据民主化是一个公司应该做的事，但也是问题之所在。接下来，我们进一步说说这件事吧。

过去，数据隐没在信息和技术设备之中，沉淀在业务活动里面。没有多少人使用数据，依据数据撰写管理报告和做数据分析，组织完全依赖团队提交的结论。随着先进的 Qlik、Tableau[①] 的发展，商业智能工具大行其道。为此，组织希望把数据扩散到全体员工，于是数据信息的公开化应运而生。组织向员工公开数据，是希望能从数据中获得更有价值的见解和结论。与此相随，暴露出来一个大问题：我们当中有多少人接受过高等教育，从而学会了数据、数量解析、数学、统计学等方面的技能。近年来，随着社会不断呼吁加强 STEM（科学、技术、工程、数学）教育，具备有关这方面素养的人数有所提升，但毕竟有些人没有接受过高等教育，或者没有接受过这方面的教育。

似乎我们是在说数据民主化不是回答……错！把数据向员工开放就是回答：这是组织如何通过数据和分析的投入实现更多潜能的方法。数据民主化使得企业全体员工凭借其独特的才能，充分利用企业在软件、数据和技术方面的投入。数据民主化扩大了技能差距，其原因在于企业员工的教育基础。当没有数据和技术背景的人被要求接受新的软件和技术设备的时候，当没有数据和技术背景的人被

① Tableau：这里指的是一家从事商业智能化的软件公司。——译者注

要求利用数据和信息的时候，他们是无法有效地利用摆在他们面前的数据的。你认为我们当中有多少人，乐意或渴望使用这些新投入呢？你会多久一次兴奋地投身其中，学习一些强加给你和你的工作的东西呢？

来自2019年的关于数据素养对人类影响的一项研究指出，36%的研究参与者“会寻找其他与数据无关的办法来完成任务”，14%的研究参与者“将完全回避任务”也不使用数据。这是数据技能不足的标示，那些对数据使用感到满意并有信心的人会更满意所进行的投资。上述研究发现，将近3/4的研究参与者感受到了来自数据的压力，对和数据打交道感到不愉快。最后一个指标显示，当涉及数据的投入和民主化时，个人的疲劳程度和使用数据技能的不足，确实加剧了数据技能差距的程度。

数据生产

数据生产与数据技能不足之间有什么关系吗？与所讨论的内容有关的数据生产，并不是新东西，本章前面已经有所涉猎了。随着技术的出现和其发展速度、数据生产步伐的加速，组织及其员工所做的处理准备赶不上它们产生数据的速度。那些在数字时代诞生和成长的组织更有能力成功应对数据冲击，因为数据是它们本身的一部分。对那些不是在数字时代开始建立的企业呢？这些企业正试图建立有效使用数据的能力，但它们发现这更加复杂。你的意思是不能仅仅开始采集和使用数据吗？不！这些企业认识到，不能仅仅投资于软件、技术和获取数据，还需要把企业的运行建立在数据分析之上。另外，它们发现劳动力无法跟上瞬息万变的环境，生产和获取数据的快速冲击是造成数据技能差距的原因。

缺乏数据与数量解析策略

造成数据技能不足的另一个原因是组织内部缺乏数据与数量解析策略。缺乏策略怎么能推动或扩大技能差距呢？首先，请设身处地地想一想：你所在的企业是否有清晰简洁的数据和分析策略？对许多企业而言，回答是“否”。策略的缺乏会给员工带来不必要的负担，因为他们正在试图弄清楚如何利用和采用已投入的软件和技术。（回忆一下 2019 年的那项研究，那种压倒性的感觉是实际存在的！）

对一个企业来说，拥有清晰简练的数据和分析策略意味着什么呢？带着这个问题，我们来看一个关于跑半程马拉松、全程马拉松或超级马拉松的个人策略制定的例子。出于类比性起见，在这里强调此人是一位跑步的新手或拥有中等水平的跑步者。

首先，假设你就是这位跑步者。你好长时间没有跑过步了，你见识了一些从事跑步活动的家人、朋友、同事，你看到了他们为此而亢奋不已，不管场景如何，他们动不动就乐此不疲地谈论着这个话题（对此我深有同感，我就是一个跑步者，我也时常逢人便说跑步的乐趣）。耳濡目染，随之你决定和他们一起报名参加一场跑步比赛。现在你报名参加你的第一场比赛，这场比赛在几个月后正式开赛。这时，你是在没有任何训练策略的前提下报名参赛的，也没有研究过赛程，也不清楚跑步过程中需要补充的水分和营养，但是你做了训练准备并进食了你知道的需要吃的东西。由于没有事先的规划，你也不知道为跑步所做的投入能不能给你带来想要的回报。

到了比赛的时候，你会在起跑线做些热身准备，你也许会补充些水分和营养，所有这些都是寄望于你能完成比赛过程。发令枪响了，结果比赛却是以失败收场。即使你做了训练，购买了相关的设备，但你并没有做好充分的准备。如果是半程马拉松，你就能完成比赛，但在整个过程中会备受煎熬。如果是全程或超级马拉松，你可能完成不了整个比赛就中途退出了。

至此，我们换成另一种情形来说，为了某次马拉松比赛，你精心制定了策略后再去报名参赛，你知道所需要的装备，你准备了需要的水和营养品，聘请了合适的教练指导你制定跑完全程的方案。实际上，该教练在和你一起制定策略。甚至还要想到，路途中的不平坦和可能出现的意外。最后，你还需要做些带有挑战性的高强度训练，以迎接即将到来的比赛。当比赛这一天真的来临，你有能力完成全程，虽然也有一些苦痛和沮丧。由于事先制定了策略和做了充足的准备，因此你能应付自如。

不同的事同样的道理，通过上述跑步的例子，我们清晰地阐明了组织需要用什么样的策略来对待数据与数量解析。很长时间以来，一些公司经历过非常没有秩序的过程。它们知道需要在数据和分析上进行投入，但这只是一部分，它们不知道还要投资什么样的装备、为什么要购买这些装备、购买的装备能不能满足需求。这些公司没有聘请“教练”，没有在“教练”的指导下制定策略并加以实施。于是，这些公司盲目地进行投资，有的项目动辄就花费数百万美元，但这些投资不是打了水漂就是没有产生良好的收益。让人心痛不已的是，许多公司现在正面临着这些问题。

良好的数据和分析策略意味着，企业已经制订了数据与数量解析的购买与利用的方案，以促进企业的意图、愿景和目标的实现。来自世界各地的动态反映，绝大多数公司依然没能审慎对待数据和分析策略。

世界各地的组织如果没有充分准备好数据和分析策略，就会扩大与其他组织间的数据技能的差距。要是没有一个清晰的战略来规定和准许软件、技术和学习投资的流动，公司就只能靠购买数据和分析软件及技术来为它们完成这一切。这样一来，这些公司就是用技术取代了策略本身，结局便是强制推行。这种所谓的“策略”，员工一定是不情愿接纳的，员工有可能会利用老办法来做事。一旦如此，新的技术就会被束之高阁。

由此，组织会受到双重打击：其一，投资的软件没有作用，不能得到有效的采纳；其二，劳动力在数据技能方面没有得到不断提高，随着它们放弃为维持自己的利益而购买的投资和技术，它们正在进一步走向落后。

数据：下一步是什么

在技能差距很大的情况下，我们反躬自省：数据不能被有效利用，那有什么意义呢？下一步是什么？我们真的需要缩小这种技能差距，还是我们可以听之任之？恕我直言：我们必须缩小这种技能差距！

如前所述，到 2025 年，我们估计有 463EB 的数据。除拿 DVD 说事外，这里再给你一个说法：1EB 的数据是 1 后面带有 18 个 0……是 18 个 0。再来想一想数字 463EB，463EB 就是 463 后面跟着 18 个 0。来源不同的预测表明，到 2025 年将会有 174ZB 的数据，这是 174 后面跟着 21 个 0。须知，1ZB 等于万亿兆字节（GB）。[14] 现在，这些说法当中哪一个是对的呢？或者我们可以这样来询问：这有什么了不起的呢？这是一个庞大的数据，我们不能质疑其中含有的大量价值和知识。可是，现在的问题是：如果存在很大的数据技能差距，个人和企业能够利用这一海量数据和信息吗？不然，我们将会继续看到能有效利用数据的组织超越那些不能够利用数据的组织。

本章小结

总而言之，我们生活的数据世界是那么令人兴奋，同时也那么令人恐惧和感到无助。未来会出现许多新奇的职业、机会和发明，我们不知道它们意味着什么。但想必有新技能的需求，可惜的是我们甚至不知道它们是什么。不过，有一件事可以肯定，就是数据常驻！我们已经看到了数据增长、扩展和需要利用的巨大趋势，与此同时，我们也看到了企业劳动力中存在巨大的技能缺口，并且它们还在扩大和生长。这种差距阻碍了企业数据和分析投资的成功。我们可以做什么呢？对此有答案吗？答案是肯定的！那些拥抱数据认知素养的个人和组织，大量的机会就在前方等你们。

参考文献

1. Redd, N (2017) How Old is the Universe, Space.com, 8 June. Available from: https://www.space.com/24054-how-old-is-the-universe.html (archived at perma.cc/K6LF-UCAL).

2. Redd, N (2017) How Old is the Universe, Space.com, 8 June. Available from: https://www.space.com/24054-how-old-is-the-universe.html (archived at perma.cc/94R7-GBJK) .

3. Zimmerman, K & Emspak, J (2017) Internet History Timeline: ARPANET to the World Wide Web, Live Science, 27 June. Available from: https://www. livescience.com/20727-internet-history.html (archived at perma.cc/YLA9- RJNV) .

4. Merriam-Webster Dictionary. Available from: https://www.merriam-webster.com/dictionary/google (archived at perma.cc/QSU7-3XNZ) .

5. Aune, S (2010) Five Dot-Coms That Didn't Survive the Bubble, technoBuffalo, 25 January. Available from: https://www.technobuffalo.com/five-dot-comsthat-didnt-survive-the-bubble (archived at perma.cc/FUG6-LUCL) .

6. Foote, K (2016) A Brief History of the Internet of Things, Dataversity.net, 16 August. Available from: https://www.dataversity.net/brief-history-internet-things/# (archived at perma.cc/TAQ2-3N2U) .

7. Choudhury, A R and Mortleman, J (2018) How IoT is Turning Rolls-Royce into a Data Fuelled Business, CIO, January. Available from: https://www.i-cio. com/innovation/internet-of-things/item/how-iot-is-turning-rolls-royce-into-adata-fuelled-business (archived at perma.cc/XYD3-ULN5).

8. RTInsights Team (2016) How Rolls-Royce Maintains Jet Engines With the IoT, RT insights.com, 11 October Available from: https://www.rtinsights.com/ rolls-royce-jet-engine-maintenance-iot/ (archived at perma.cc/EGT6-L52R) .

9. Medical Device Network (2018) Bringing the Internet of Things to Healthcare, MedicalDevice-Network.com, 3 September. Available from: https://www. medicaldevice-

network.com/comment/bringing-internet-things-healthcare/ (archived at perma. cc/7KE3-LHEN) .

10. McLaughlin, M (2018) How Data Analytics in Sports is Revolutionizing the Game, Biztechmagazine, 13 December. https://biztechmagazine.com/ article/2018/12/how-data-analytics-revolutionizing-sports (archived at perma. cc/DLD3-B2WY).

11. Desjardins, J (2019) How Much Data is Generated Each Day? World Economic Forum, 17 April. Available from: https://www.weforum.org/ agenda/2019/04/how-much-data-is-generated-each-day-cf4bddf29f/ (archived at perma.cc/R35K-JEUN).

12. Qlik (2018) How to Drive Data Literacy in the Enterprise, White paper. Available from: https://www.qlik.com/us/bi/-/media/08F37D711A58406E83BA8418EB1D58C9.ashx?ga-link=datlitreport_resource-library (archived at perma. cc/JDM4-89HN).

13. Desjardins, J (2019) How Much Data is Generated Each Day? World Economic Forum, 17 April. Available from: https://www.weforum.org/ agenda/2019/04/how-much-data-is-generated-each-day-cf4bddf29f/ (archived at perma.cc/K8XR-3JNW).

14. Morris, T (2020) How Much Data by 2025? [Blog], Microstrategy, 6 January. Available from: https://www.microstrategy.cn/us/resources/blog/bi-trends/ how-much-data-by-2025 (archived at perma.cc/D6JJ-BW23).

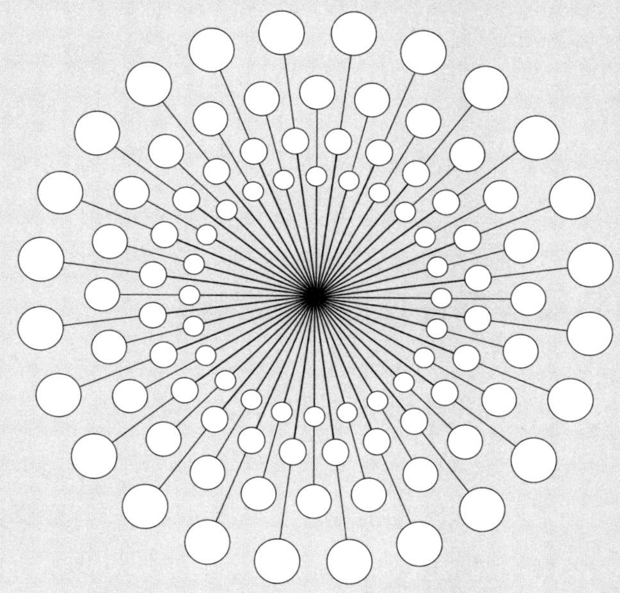

02

数量解析的四个层次

数据与数量解析存在四个层次吗

通过上一章的介绍，现在我们对数据的世界有了一些了解。为了使组织和个人能够充分有效地利用数据与数量解析，这里有必要系统地介绍一下数量解析的内容。了解数量解析很有必要，同时它还牵涉数据与数量解析策略能不能落地的问题。如果不了解数量解析的不同层次，那么组织在购买软件、获取数据和自助工具民主化方面，就不知道它们所做的这一切是不是正确的。数量解析存在四个层次，分别是描述性数量解析、诊断性数量解析、预测性数量解析和指导性数量解析。为了解学习数量解析这些层次的必要性，我们追溯一下历史上组织是怎么看待数据与数量解析的。这样的画卷能够让我们看到组织应该怎样对待数据与数量解析/应该怎样利用数量解析的四个层次来获取成功。

现在，我们就开始吧。以前组织究竟是怎样看待数据与数量解析的？从历史上讲，组织在数据与数量解析技术、软件和工具方面做了大量的投入，它们把软件和技术设备视作“对它们祈祷的回应”，并依此而驾驭驱动着数据与数量解析的解决方案。组织一直在对那些能够帮助它们实现目标及“数据与数量解析”之梦等的技术做着投资。不管你是否相信，数据与数量解析梦是真实的。1985年问世的Microsoft Excel第一版[1]（知道吗，Microsoft Excel当初是为Apple Macintosh发行的，是不是有点不可思议？），以及其他更早的电子表格或分析软件，组织一直在研究这些软件，它们认为这些软件能解决问题和做许多“神奇”的事情。就像我们知道的那样，这款软件是用于储存、使用和分析数据及信息的。随着技术的扩展、演化和改进，人们对技术的投资也在不断增加。由于数据认知技能的巨大差距，在数据与数量解析技术方面的投入并没有获得想象中的成功。事实上，就像我们在第1章指出的那样，巨大的数据认知技能的差距，比如仅有24%的企业决策人和32%的执行经理对他们的数据认知技能感到自信，阻碍了这些投入效应的释放。

因此，对数量解析四个层次的理解，是怎样影响数据与数量解析的采纳，以及在它们身上一切投入的回报的呢？一旦组织和个人了解了数量解析的四个层次，就不难理解组织中的员工、个人才能和技能、技术实力，是怎样形成合力共同正确地打造组织的数据与数量解析策略的。只有这样，才能使员工执行该策略。

数量解析四个层次的详解

在简要回顾了历史的经验教训之后，现在开始认识数量解析自身的四个层次。然后，带着这样的认识，我们将围绕以下要点展开论述：①数据与数量解析驱动策略；②做出更明智和基于信息的决策；③做出正确的数据与数量解析组合，阐述组织中从入门级员工直至高管的不同技能程度是如何使用它们的。最后，对数量解析的四个层次有一定的了解，组织就不会盲目地出击，而是真正地朝着宏大的愿景和战略努力。

正如前面所提到的，数量解析可分为四个层次，即描述性数量解析、诊断性数量解析、预测性数量解析和指导性数量解析（见图 2-1）。

图 2-1　数量解析的四个层次

为了帮助大家更好地掌握数量解析每个层次的基本知识，这里对数量解析的各个层次进行界定并给出相关的实例说明。根据这些界定和实例，我们将分享具体的、能提供帮助的软件和技术设备。在对数量解析每个层次有了正确和深刻的认识之后，我们将讨论这些不同层次是如何协同起来发挥作用，以形成正确的数量解析图景，并真正帮助组织在数据投入方面取得成功的。

首先，在正式介绍数量解析第一个层次之前，我们需要好好想一下“数量解析”这个术语究竟是什么意思。“数量解析”这个术语屡次被提及，它真正的含义是什么呢？

> 所谓“数量解析”，指的是对数据或统计数据的系统计算分析[2]。

这到底该怎么说呢？用谷歌搜索一下，“分析”是指对事物的组成成分和结构进行详细的检查。对数据与数量解析而言，分析就是对数据和信息资料进行挖掘，并依此来掌握其结果是什么意思的能力。“信息”这个词在这里是焦点，因为数据并不总是数字，它们有可能是符号、单词或其他元素。如果了解了数据和信息资料指的是什么，就可以查看数据和信息资料中的元素及其结构等。数量解析这个功能以及对它的认知，使我们能够做出更好的决策、提出更好的问题，并充分利用数据来提高我们的能力。

数量解析的四个层次能真正帮助组织认识它们构建、储存和可供利用的数据及信息。当组织了解了数据和信息资料的时候，便能用于业务决策、改进，直至获得成功。理解尤其是更好地执行数量解析的四个层次，对组织身处当前数字化和数据驱动的环境实现蓬勃发展至关重要。

第一个层次：描述性数量解析

描述性数量解析是数量解析的第一个层次。

> 什么是“描述性”（descriptive）？谷歌给出的解释是：“服务于或试图描述。”那“描述”（describe）又是什么意思呢？同样，谷歌给出的说明是：（对某人或某事）给出文字性陈述，包括所有有关的特征、品质和事件。

那“描述性”究竟是什么意思呢？在这里，我们把“描述性”解释为：对已经发生的事情进行描绘。详细地说，就是利用数量解析技术去考察业务领域已经发生的事情，并通过数据与数量解析使之再现。

纵使如此，上述解释也不一定能给我们提供清晰的图景。想解决这个问题，还可以通过其他表达方式来说明描述性数量解析，如报表、仪表盘、观察报告。诸如此类的东西，我们可能更为熟悉。开会也好，电子邮件也罢，我们是不是频繁地听过“报表”这个词？我们是不是也经常看到仪表盘、KPI（关键绩效指标）等？这些术语现在人们已司空见惯，甚至人们不经意间就会脱口而出，但它们对真正认识描述性数量解析是有裨益的。描述性数量解析就是通过报表、仪表盘和观察报告，帮助我们认识组织过去和现在发生的事情。

带着对描述性数量解析的认识，我们可以了解和掌握它在数据与数量解析策略拼图中所扮演的角色。然而，领悟了描述性数量解析，会自动帮助组织玩好数据与数量解析的智力游戏吗？这里需要了解一个关键之处，那就是描述性数量解析给组织带来了巨大的麻烦和挑战。有的人或许会问，这是为什么呢？描述性数量解析会带来其他数量解析层次所没有的独特挑战，这就是描述性分析可能导致组织无法超越数量解析的第一个层次，从而阻碍了它们通过数据实现增长和成功。

在四个层次的解析中，组织需要确保自己不会“陷入”某个层次或刻意在某个层次上花费过多的时间。由于数据分析领域的技能差距很大，因此被要求通过数据民主化使用数据的人们将倾向于使用他们所能够掌握的最简单的解析方法。在大多数情况下，这种最简单的数量解析方法便是描述性数量解析，如查看图表、仪表盘，因为人们很容易就能从图表或仪表盘显示出来的信息中看出发生了什么事情。如果组织僵持在某个层次的数量解析，世界各地的组织或许会将大部分时间都花在描述性数量解析上。

这种事情之所以会发生，就是因为使用描述性数量解析人们会感到比较爽。设身处地想一想是不是这样，我们当中的每个人都有回忆往事的能力。例如，上周末做了什么，你看过的某部电影，拿业务情境来说，这个仪表盘向我们展示了什么、营销活动中发生了什么、上个季度雇了多少员工，等等。与此同时，描述性数量解析和回顾也让人好奇组织过去发生的事情。

正是因为描述性数量解析使用起来比较顺手，加之数据技能不足，所以劳动队伍中的绝大多数员工不知道如何利用数据做出更明智的决策，而是停留在数量解析的第一个层次上。现实中，很多员工甚至不知道数量解析存在四个层次。由于这种对数量解析领会上的不足，组织在软件投入和数据可视化方面花费了大量的金钱，相反却没真正在智慧的、基于数据的决策上投入多少资源。因此，组织扩大它们自身的技能差距是组织僵持在数量解析第一个层次的一种表现。

现在需要注意一点：在数量解析的四个层次之间，组织是不能给每个层次赋予相同的权重的，也就是说，组织不应该让员工在数量解析四个层次中的每个层次上都花费25%的解析力量，应该采用不等的分配权重。但当组织致力开发和使用真正的数量解析方案时，它们会发现自己在四个层次的数量解析和员工之间划分了时间。我们将看到，尽管描述性数量解析很重要，但组织中的大多数时间应该花在数量解析的第二个层次上，后面还会再详细说明。

描述性数量解析之所以如此盛行，其中一个主要原因是数据认知技能的缺乏。对此我们来想一想，如果你对怎样利用数据没有一个很好的领悟，那么你又怎么会在数量解析四个层次上都做得更好呢？

最后，再来谈谈数据可视化问题。在世界范围内，数据可视化是非常盛行的。现在，那些在数据与数量解析方面做得有声有色的组织，几乎都把数据可视化当成宝贝、奉若神明。如同我们所熟知的那样，数据可视化简化并使数据与数量解析更容易为人们所用，但数据可视化并不是数据与数量解析的全部。数据可视化，如仪表盘，对提炼和描述已经发生的事情来说确实是非常有用的工具，但人们如果不能跳出对已经发生的事情的眷念，那将无法诊断和找出隐藏的“原因”。

随着组织在商业智能工具方面投资的增长，加之仪表盘的种种优势，构建仪表盘和尽可能使可视化更美观的工具成了人们喜闻乐见的不二选择。对于那些想真正强调完整数据与数量解析能力的组织来说，这可能是不利的。我认为数据可视化应该在视觉上带有冲击力，并推动和利用对人的吸引力来有效地发挥它的作用。不过有的时候，这可能会花费许多时间，并且有可能会妨碍对数据的更有价值的使用。另外，如果数据可视化不能推进业务目的和目标的实现，那么数据可视化即使做得再好又有什么益处呢？

熟悉有助于开展描述性数量解析的软件类型和技术可能会帮助大家更好地了解数量解析的第一个层次。这些技术并没有什么惊天动地之处，对我们将要提到的东西，大多数人已经听说过了。我们当中有多少人听说过“商业智能”或它的简称 BI？如今，我们拥有许许多多可以利用的 BI 工具，如微软 Power BI ①、Tableau②、Qlik、ThoughtSpot ③ 等。这些 BI 工具都是我们开展描述性数量解析很好的帮手，不仅如此，它们也具有其他层次的数量解析的能力，

① 微软 Power BI：微软公司推出的一款最新的商务智能软件，能够以全新方式对数据进行透视和提炼，包含丰富的组件和工具，能交互式地实现数据可视化。——译者注

② Tableau：又叫 Tableau 软件，是一款商务智能工具，可以快速地进行数据描述和可视化。——译者注

③ ThoughtSpot：一家位于硅谷的人工智能初创公司，提供商务智能软件服务，能使普通员工掌握数据分析技能。——译者注

只不过它们的核心功能是解决描述性数量解析问题。对组织来说，它们应该在这些软件和技术上进行投资。

第一个层次的数量解析是重要的，因为我们必须要了解过去发生的事情，只有这样，才能通过数据来开展诊断分析、建立预测等。但是须知，描述性数量解析只是数据分析过程中的第一个环节，并不是数据及其分析的全部过程。通过数量解析第一步获得的认识，有助于我们更好地了解数量解析的第二个层次。

第二个层次：诊断性数量解析

当我们熟悉了数量解析的第一个层次，以此为基础，就比较容易理解数量解析的第二个层次。首先，我们来打个比方。假如你生病了并多日不见好转，你发烧、怕冷、咳嗽，看起来病得不轻。为此，你预约了医生。按照预约，你到医生的办公室等候。医生上下打量了你一番，检查了你的身体，然后对你说："不好，你确实生病了。"说完后，医生走出去了，再也没有回来。如果是这样的话，你对这位医生的满意度如何？医生帮助你了吗？你会再次去找这位医生看病吗？医生告诉你的，都是你所知道的。这位医生所做的就是描述性数量解析。医生能够讲清楚你的症状，并告诉你，你生病了，然而这些确实对你没有什么帮助。

现在，设想医生察看了你的气色，检查了你的身体，描述了你的病症，询问了你一些问题，然后试图对你的病情进行诊断。根据这个诊断，医生能够帮助你改善健康状况。如此的操作，就是数量解析第二个层次的活动——诊断性数量解析。

既然我们已经很好地描绘了数量解析是怎样由第一个层次进入第二个层次的，那么现在我们就来诠释“诊断”这个术语的内涵。

> 用谷歌搜索一下“诊断”，给出的解释是：通过症状检查来识别特征（疾病或其他问题）。

在数据与数量解析领域，虽然我们不能像对人或动物疾病那样做诊断，但是我们可以诊断业务中发生了什么事情，以了解事情产生的根源、为什么会发生这样的事情。对诊断性数量解析，还有一个语义十分相近的术语——洞察。因此，诊断性数量解析是从数据中获得洞察，以了解事情发生的动因。数量解析的第二个层次，对成功运用数据与数量解析是极其重要的。为何这样说呢？

要了解数量解析第二个层次的重要性，就需要认识利用数据与数量解析一般意义上的目的。为何组织一定要利用数据与数量解析？为何组织不是花费几千美元而是投入数百万美元来获取、利用和分析数据信息？答案很多，我们对它们都已经很熟悉了。如今的世界是数字化的，数据与数量解析的使用不因人的意志而转移，组织需要充分地利用数据。然而，在利用数据的时候，我们不知道从这些数据中获得洞察时会发生什么。如果我们不愿意“诊断”数据中发生的事情，那就只能像医生那样告诉你你生病了。通过诊断性数量解析，迫使员工找寻问题产生的根源，组织就会有更大的机会取得在数据与数量解析方面所做投资的成功。

认识数量解析第二个层次的另一个重要因素，在数量解析的第一个层次中同样存在，就是数据的民主化，即组织向员工公开数据的使用。首先，民主化意味着什么呢？它意味着把数据交到员工的手上，赋予员工利用信息的权利和自主性。员工队伍是由不同背景和经历的人组成的，他们当中的每个人也许各具独特的能力，能够帮助组织以更智能、更有效的方式成功处理数据。

如同数量解析的第一个层次那样，当今世界上有许多工具和软件在运行着，旨在帮助组织方便地开展诊断性数量解析。其中一些软件供应商与描述性数量解析领域的供应商是同一家公司，如Microsoft Excel、微软Power BI、Qlik和Tableau。借助数据的民主化，组织期望给个人赋权，使其不仅能够通过数据描述发生的事情，还能形成对发生这种事情的原因的认识。

数量解析第二个层次中的关键词是洞察，所以数量解析的第二个层次又可称为洞察层次，它使我们懂得如何将数量解析的第一个层次和第二个层次结合在一起发挥作用。数量解析的第一个层次描述了什么事情发生了，如果深究为什么会发生这样的事情，这便引出了数量解析的第二个层次。此时我们应该能看出，在数据与数量解析领域中，数量解析的第二个层次应该如何真正地成为大多数员工花更多时间的地方。在数量解析的第一个层次中，仪表盘、报表和观察结果会给出来，员工能利用自身的数据认知素养和技能，搞清楚观察结果为何能显示他们做了什么。例如，与上个季度相比，为何趋势线有如此的变化？为何人口统计条形图发生了变化？

除了将数量解析的第一个层次和第二个层次融合起来，所有组织需要通过数据做出更明智的决策（就个人而言，您是否看到了今天的世界）。这是数量解析前两个层次的精髓所在，个人也好，组织也罢，都应该使用数据与数量解析以获取更多的数据信息。通过了解数据，个人可以使用描述性数量解析来查看已经或正在发生的事情，继之进行诊断以了解其中的原因，然后可以利用这些信息做出明智的基于数据的决策。随着组织在有效地使用数量解析前两个层次上的能力真正地建立起来，它们将开始看到数据和分析策略带来的成功。

第三个层次：预测性数量解析

当听到“预测”这个词的时候，你想到的是什么？是把什么都说得神乎其神的伟大的占卜者吗？是一场大赛的优胜者？是飞机将在什么时候着陆？或者是期待已久的长假即将开始时，对下周天气的预报？在我们的生活和职业生涯中，我们期望对许多事情进行预测。当这样做的时候，我们当然希望能中彩，并希望在我们生活的各个领域都能够做出卓越的预测。就这一点而言，对那些希望充分利用数据与数量解析的组织来说，也有着同样的诉求。

首先，回到看医生的那个例子，以帮助我们继续认识数量解析领域预测层次的内涵。记得医生走进诊室对你说你生病了，然后就转身离开了，这对你来说根本没有任何帮助（我的意思是，你也知道自己生病了）。不久之后，医生采取了下一步行动诊断生病背后的“原因”，帮助你了解到底是什么导致了这种疾病，引导你考虑用什么方法战胜疾病。现在，一旦你知道了“病因”，那么医生通常会怎么做呢？他想给你开些药来帮助你解决问题，从本质上说，医生是在预测 A 之后是 B。

先来考察“去预测”（作为动词用的“预测”）、“预测结果”（作为名词用的“预测”）的含义，再来深度认识数量解析的第三个层次。

> 通过谷歌搜索，得到的“预测”的解释：说出或估计（某件具体事情）未来将发生，或者某个事物可能的结果。

对“预测”的这一定义，我持赞成态度。首先，它指出或估计了某事未来将发生。我们来领会一下该定义的这个部分，根据预测结果，我们能指出将要发生或去推测将要发生的某事。听起来好像蛮不错的，但对这个定义的第二部分，我希望把对“预测”的注意力放在“预测结果”上，尤其是对于那些希望利用数据与数量解析获取竞争优势的组织。

该定义的第二部分指的是“事物可能的结果”。由于我们感觉到会有我们想要的结果，因此我们在业务活动中频繁地做某些事情。在我们的职业生涯中，这是经常发生的。有人说：“如果我们这样做，那就会发生。”遗憾的是，我们都很清楚，这并不总是会发生。现在，如果把它与数据与数量解析的第三个层次结合起来，通过数据信息的精确化和客观分析，也许我们就可以让这些预测和结果更频繁地发生。

在当今世界中，预测性数量解析是我们听到的最为热门的数量解析形式，它几乎成了数据科学和战略的代名词。为什么预测性数量解析变得如此家喻户晓？看看你是否熟悉这些术语：数据科学、统计学、机器学习、算法、大数据等。这些术语构成了数量解析第三个层次的全部和第四个层次的一部分。在这个时代，这些术语的通用性导致了数据与数量解析投资方面的一般问题。

随着这些术语的出现，并在全球范围内得到扩散，个人和组织已经过度夸大了这些工具和技术的功能。这就像一场即将到来的大型比赛，其结局只能让人大跌眼镜。现在，不要误会，预测性数量解析的作用是非常强大的，但是如果组织内没有具备数据认知素养的员工，就很难恰当地利用预测性数量解析。

想象一下，你是一位统计学家，对即将到来的假日购买计划构建了预测模型。对这个模型，你能获取到正确的数据（我们知道，这时常是困难的），以帮助你得出明智的决策。通过这个模型，你编辑了演示文稿，并同你周边的人分享。遗憾的是，当你谈论你的分析并分享结果时，与你交谈的人茫然地瞪着眼睛看着你。分享得越多，你就越感到沮丧，因为没几个人能够接受和理解你的信息。你开始怀疑为什么没有人接受你的信息，问题可能不在于你构造的模型、分析或技术，问题在于组织内部的数据文化和数据认知素养的缺乏。

随着组织在预测性数量解析团队、数据科学和技术上的投资不断增长，似乎它们更不可能充分利用这些投资。由于组织不能吸收数据与数量解析，因此预测性建模和数量解析可能变得毫无用处。只有组织中的员工具备强大的技能，预测性数量解析才有可能获得成功。

要想成功开展预测性数量解析，要用到什么样的技术和软件呢？

这类软件和技术多种多样，有两种主要的语言在数据科学和预测性数量解析中非常受欢迎，这就是 Python 和 R。它们是非常流行的编码语言，可供统计学家、量化人员、数据科学家等构建模型使用。另外，谁不想使用 Python 和 R 语言进行编程呢？ Python 和 R 是自由开源软件，而且功能十分强大，大多数人都能轻松上手。

除了上述编程语言，还有一些软件公司，这些软件公司帮助我们简化数据处理和终端用户的工作，使得终端用户能够更轻松地实现数量解析前两个层次的应用。这类软件公司，具有代表性的有 Alteryx①、SAS②、Apache Spark③、D3④等。事实上，对大多数员工来说，组织并不要求他们个个都是数据科学家，只需要他们具备一定的数据认知素养就可以了。他们甚至可以使用像 Microsoft Excel、Tableau 和 Qlik 这样的软件来开展预测性数量解析。

前面已经提过，能够帮助推动预测性数量解析的员工主要是数据科学家、统计学家、数据分析专家等。即使是一般的数据分析师，也可以推动预测性数量解析的发展。另外，数据认知素养涉及的领域如此之大，现在那些非技术性的人在数据与数量解析人员中也占了很大的比例，那些能说和使用数据语言的人，都是预测性数量解

① Alteryx：Alteryx 是一家大数据分析公司，该公司的数据处理分析软件命名为 Alteryx，是一站式统计数据分析平台中的新秀。——译者注

② SAS：全称是 Statistical Analysis System，是一款模块化、集成化的大型应用软件系统，是公认的著名统计分析软件。——译者注

③ Apache Spark：一款功能强大的开源处理引擎，最初由 Matei Zaharia 开发，能处理各种复杂的数据问题。——译者注

④ D3：全称是 Data Driven Documents，提供了各种简单易用的函数，是数据可视化方面的优秀软件。——译者注

析人员的组成部分。因此，当建模、分析等诸如此类的工作完成后，那些主要从事描述性数量解析和诊断性数量解析的人，同样可以参与到预测性数量解析的理解和讨论活动中来。

第四个层次：指导性数量解析

至此，我们将讨论数量解析的最后一个层次，就是指导性数量解析。对于指导性数量解析，存在着各种各样的定义和解释。从目的性的角度讲，数据和技术本身就指明了通过数据与数量解析告诉人们应该做什么、应该制订什么样的业务决策。在这样的情形下，数据和技术本身就规定或建议了应该做什么。虽然这个层次的数量解析是最高级别的数量解析，但是它并不要求大多数人都去做指导性数量解析，相反，它只要求大多数人能够认识和利用能够帮助我们做出更明智和合理决策的信息。

对于指导性数量解析，我们需要用一种加强人力资源的方式来考察它。用于指导性数量解析的技术，具有剖析和筛选大量数据的功能，这使得我们能够加速分析过程，并消除可能产生的人为错误，但此后我们必须能够利用提供给我们的数据和信息资料。指导性数量解析具有为我们构建强大的数量解析结果的功能，但这取决于人力资源方面的共同决策。

在指导性数量解析领域，有哪些技术可以运用呢？有许多不同的应用软件，自助性更好的软件有 Domo[①] 或 Alteryx，更高级的软件

① Domo：是一个云平台，属于商务智能工具。——译者注

有 SAS 或 SAP[①]。诸如此类的工具能帮助我们更好地开展指导性数量解析，但是如果没有懂得如何利用数据和信息（数量解析）为业务做出明智和合理决策的员工，那么在应用软件上的投资就有可能打了水漂，并且最终也不会带来什么回报。

数量解析四个层次的现实范例

现实中的一些事例可以丰富我们对数量解析各个层次的认识，以帮助我们增加关于数量解析四个层次更广泛的基础知识。为了推动基础知识帮助人们更深入地学习，每一个层次将建立在前一个层次的基础上，我们需要能全面了解这四个层次是如何协同工作的。总的来说，这是一个很好的方法，能帮助我们找到不同的角色和个人在分析系统中所起的作用。

层次 1：描述性数量解析

这些事例中的每一个都可以在现实世界中找到范本。描述性数量解析是业务领域中最常见的组成部分，以下事例的描述性数量解析会经常地呈现在我们每个人的面前：

· 呈送给企业销售主管的月收入仪表盘；

· 关于点击率的季度营销报表；

① SAP：全称是 Systems Applications and Products in Data Processing，是一款用于 ERP 管理的软件。——译者注

· 组织的季度净促销员得分报告。

什么角色在描述性数量解析中起着作用呢？答案是我们每个人！高层管理团队有义务和责任阅读仪表盘，业务和数据分析师创建仪表盘和报表，运用描述性数量解析的数据科学家说明所采用的分析技术，终端用户阅读和解释仪表盘，等等。总之，组织中的每个人在描述性数量解析活动中都扮演着重要的角色。

层次 2：诊断性数量解析

回忆一下，描述性数量解析的每个事例都是数量解析领域的第一个环节，它反映了过去发生的事情，而诊断性数量解析告诉我们事情为什么会发生。

· 在月度收入仪表盘中，销售主管看到销售出现了一个不错的环比增长，并想知道为什么会出现这样的情况。数据分析师仔细查看、分析了这些信息，并与销售代表进行交谈，发现是一项新的激励方案带来了更多的收入。

· 在有关点击率的季度营销报告中，营销主管注意到点击率出现了急剧下降。在过去的 12 个月里，前 7 个月的点击率没有明显变动，但在第 8 个月里发生了断崖式的下降，此后一直保持了这样的水平。对此，营销主管想知道为什么会发生这样的事情。经过分析发现，是营销团队把点击链接的位置移到了电子邮件的新位置上，让人很难看到因而造成了点击率的下降，据此营销主管对以后的电子邮件广告进行了更改。

· 在该组织的季度净促销员得分中，除了一项“你会向朋友推荐我们公司吗？”这个分数以一种强烈的方式上升，研究小组分析了数据，发现系统中的一个小差错使得净促销员的分数上升得很快。通过发现这个小差错，该组织节省了资金，并阻止了数据中发现的假阳性的推广。

什么角色在诊断性数量解析中起着作用？每个人！那些想让事情得到诊断的人，如高管和决策者，他们关心和质疑诊断性数量解析的问题。数据分析师致力深度挖掘描述性仪表盘和报表有关的信息。数据科学家能运行模型，以了解正在发生的事情。那些在公司不同业务部门工作的人，能提供他们的专业知识和认知，以了解程序、最近推出的产品情况等。总体而言，每个人都可以发挥作用来帮助诊断发生某些事情的原因。

层次 3：预测性数量解析

预测性数量解析是更高一级的数量解析,它主要告诉我们“将会”发生什么。

· 销售团队希望确保他们利用从激励性收入增长中获得的新动力，数据科学团队正在寻求建立新模型，以使现场代表能够准确了解销售和收入方面的情况，从而帮助他们预测“如果现场代表这样做，将会发生……”。

· 营销团队让他们的分析师查看了数据和信息，并致力对链接的变化进行预测。他们做了各种各样的测验，让他们能够预测新邮件活动的启动和链接的位置对点击率的影响。通过分析，营销团队现在就可以编写一份完整的预测报告。

·在发现了小差错之后，营销团队回过头来寻找提高净促销员得分的方法，利用他们拥有的强大数据源和技术，通过建立预测模型来分析和提高公司的得分。

什么角色在预测性数量解析中起着作用？每个人！当然，数据科学和更多的技术角色的作用要大一些，因为他们将建立预测分析和模型。当高管想要预测既定的行动会发生什么时，必须与构建预测的团队进行良好的沟通。不同的业务部门需要交流计划、历史、经验等，这样团队就可以建立正确的预测。

层次 4：指导性数量解析

指导性数量解析就其技术本身而言，是要告诉组织应该做什么。

·销售团队现在可以通过基于激励的方法获得海量数据，并利用机器学习来发现趋势、模式，让机器告诉团队他们应该做什么。至关重要的是，团队能够对数据提出深刻的问题，然后执行正确的方案。

·营销团队现在可以允许从点击率和电子邮件活动中获取和产生海量数据，利用算法和技术为新的链接位置提供建议。

·有了净促销员得分，真正的工作不是分析数据，而是进入组织的工作、服务等。高管与数据团队合作，让机器找到模式，并规定可以做些什么来达到成功。不管是什么情况，这也许是一个额外的电话或对客户微不足道的回报。这使得公司能够测试和通过净促销员得分获得成功。

什么角色在指导性数量解析中起着作用？每个人！同样，就像预测性数量解析一样，技术问题非常重要，但是我们需要每个人都有很强的能力来向机器提出问题，然后实施机器提供给我们的工作和分析结果。

本章小结

通过数量解析的四个层次及其各自的功能，我们要认识到它们之间是存在着一定的先后顺序的。健全的、完整的数量解析应该包括它的四个层次中的每一个。如果我们能把四个层次的数量解析完美地拼接起来，谁还会说三道四呢？对那些要实现数据与数量解析目的的组织，数量解析的四个层次需要正确地被组建起来。我们不能像小孩那样玩拼图游戏，想到一出是一出。在对数据与数量解析进行投资的时候，数量解析的每个层次都不能少，正确的做法应该是：不仅要在人力资源和潜能上投入，还要投资于软件和技术要素。

我们已经看到了，描述性数量解析描述着过去发生了什么，诊断性数量解析探索为什么某些事情会发生，预测性数量解析对未来进行预报，而指导性数量解析可以让机器帮助我们知道自己应该做什么。有了这种正确的认识，组织就可以充分发展并凭借强大的数据与数量解析策略获得成功。伴随着这个理解，我们是不是准备学习“数据认知素养”这个术语的内涵了呢？下一章我们就来做这件事。

参考文献

1. CIS Poly (undated) History of Microsoft Excel. Available from: http://cis.poly.edu/~mleung/CS394/f06/week01/Excel_history.html (archived at https://perma.cc/48W2-BZWF).

2. Google definitions (2020) Definition of Analytics. Available from: https:// www.google.com/search?q=definition+of+analytics&rlz=1C1GCEB_enUS858U S858&oq=definition+of+analytics&aqs=chrome..69i57j69i59j69i60l4j69i61j69 i60.2410j0j4&sourceid=chrome&ie=UTF-8 (archived at https://perma.cc/ N2AQ-4LQ5).

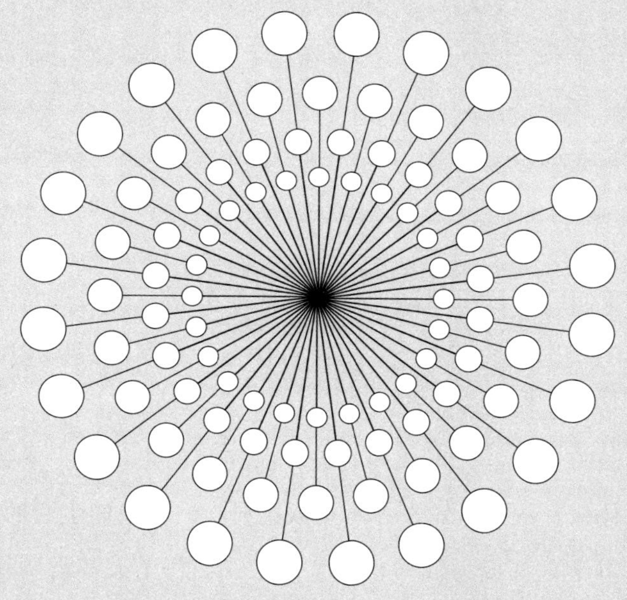

03

数据认知素养

既然我们已经认识到这个世界充满着数据，我们也介绍了数量解析的四个层次，现在是不是应该对什么是数据认知素养给出界定呢？应该是的，那就开始吧。

为了说明什么是数据认知素养，首先我们来认识一下数据认知素养不是什么。数据认知素养不是数据科学。在我们生活的世界里，并不要求每个人都成为数据科学家，但我们每个人都需要具备数据认知素养。我们知道，我们每个人都希望能回到学校，学习与数据有关的技术，学习统计学，等等。可是，这是不可能的（人们会很高兴地对我说："谢谢你，乔丹！"）。

数据科学家拥有无与伦比的技术技能，这些人喜欢编程和统计学等。从纯粹的角度看，数据科学是人们运用科学方法处理数据。如果是这样的话，那我们每个人都得重回学堂，再好好学习那些科学方法。想一想，我们当中究竟有多少人会愿意这样折腾呢？我想我们当中不会有多少这样的人吧。再者，并不是每个人都必须走这样的路，然而我们确实需要学习数据知识、学会利用数据。这不仅能使我们在未来的经济活动中拥有竞争能力，证明每个人都拥有自己的职业前途，还能使每个人都获得实用技能，也将有助于改善我们的生活。

这里讲了题外话，本不必把数据科学扯进来的，适可而止，现在回到数据认知素养的定义上来。关于数据认知素养，我们很容易发现它存在着各种各样的定义，不过这里只注重爱默生学院（Emerson College）和麻省理工学院（MIT）给出的解释。

> 数据认知素养是指：对数据进行阅读、用数据语言开展工作、对数据进行分析和用数据开展争辩的能力[1]。

说句真心话，我是认同这个定义的。然而，为了清晰起见，这里我打算对上述解释中的“用数据开展争辩”的说法给予扩展和修正。在上述定义中，“用数据开展争辩”的表述，可能有点模棱两可，它可能意味着用数据支持你的观点。是的，这是重要的，但是我们可以再丰富一下其中的内涵。我把上述定义发展成：数据认知素养是指对数据进行阅读、用数据语言开展工作、对数据进行分析和用数据进行沟通的能力。这里给出的数据认知素养的解释，对上述定义做了轻微的改动，主要表现在用“用数据进行沟通”替换了“用数据开展争辩”，因为“用数据进行沟通”比“用数据开展争辩”要广泛些，它可能包含了用数据开展辩解的内涵。用数据支持“直觉”，确实能提升对公司的价值。使用数据沟通表述的另一个好处是，可以用数据讲故事，这为所进行的分析和统计增加了来龙去脉和适用性。

至此，我们给出了数据认知素养合适的定义，我们将带着这样的对数据认知素养的理解向前迈进，并在未来的经济活动中取得成功，是不是如此呢？如果是这样的话，本书岂不是就结束了！如果真的这么容易，那么我们早就都准备好了，早就都具备了数据认知素养，我也就不必编写这本书了。然而现实却是，在涉及数据认知素养时，我们还需要这本书来扩展、细述，把我们对数据认知素养的知识延伸到新的水平上。为此，我们来阐释数据认知素养定义中的每个组成部分及其特征，以此来扩大我们的知识面。为了帮助大家更好地认识数据认知素养，我们将在整个研究过程中针对数据认知素养的四个特征分别给出一些事例，以加深我们对这些技能的实际应用的认识。

特征 1：阅读数据

数据认知素养所体现出来的第一个特征，就是阅读数据。阅读数据意味着什么呢？是不是意味着什么都读呢？现实生活中的例子和对“阅读”这个词的讲解，会加深我们的理解。查阅《牛津词典》（*Oxford Dictionary*）（当然，现在可以在线搜索），它对“阅读”一词的解释是：“通过对（书面或印刷品）所组成的字符或符号的心智上的解读，来观察和了解其中蕴含的意思。”[2]对于“阅读”这个词这样解释，听起来是不是有点复杂？我的意思是，我们都很熟悉“阅读”这个词，你现在不就是在阅读这本书吗？就“阅读”来说，我们需要把对它的解释稍微扩展一点。在《牛津词典》的解释中，提到了书面或印刷品，可是阅读体态语言算不算阅读呢？难道我们阅读肢体语言或表情，就不能获得信息吗？我的看法是，我们完全可以对肢体语言进行阅读和学习。因此，“阅读”也意味着观察某事物并理解它。对于我们来说，运用数据认知能力查看数据信息并加以理解，这是最具重要意义的。我们还能不能进一步讨论这个问题？我们能不能把阅读数据看作数据思维的特征呢？下面将继续探讨这个问题。

就我们的情形，阅读数据就是对呈现在我们面前的数据信息进行查看和理解。这样说，何其干净利落。就拿数据来说，呈现在我们每个人面前的数据，展现出来的形式多种多样。当我们拥有数据，寄望于用数据获得成功的时候，为查看和理解数据信息而进行阅读，就是我们的能力。为什么存在巨大的技能差距？为什么组织停滞在数量解析的第一个层次？其中一个重要的原因是，对呈现在面前的数据信息开展阅读和理解是人类的基本技能。对于仅喜欢在数量解析第一个层次即描述性数量解析上进行阅读的人，他们感受到的舒适会驱使他们不断回到数量解析的第一个层次。这是我们每个人都会做的事，也许这就是我们的进化，我们都会回到使我们感到舒服的状态（这就是缩小技能差距如此重要的原因，它使得我们每个人都对自身的数据认知能力感到满意。）。想一想这样的画面，我们在沙发上找到了自己最喜欢的位置，就不想离开了。假如我们对数据与数量解析深度阅读感到不舒服，我们就会选择坚持在数量解析的第一个层次，也就是我们最喜欢的位置。

阅读数据意味着查看和理解数据的能力，据此我们明白了并不是每个人都能以相同的技能和能力阅读数据。我们也不强求每个人都以同样的水平去阅读，拿企业来说，它存在着层级指挥系统。从整个组织一直到数据科学家、高管是一个水平，副总裁和决策人可能是另一个水平。就整体技能而言，解释数据可视化并将我们自己的个人禀赋代入其中的能力，可以真正打开并提高我们在四个数量解析层次上的技能。为了帮助大家认识不同的技能，我们把它与现实世界的一个潜在的例子联系起来，并用它来扩展我们的思维，了解不同的角色需要如何以不同的方式阅读数据和信息。

假设我们在一家大型零售企业工作，这家企业因最近上市的产品备受鼓舞。为了利用数据思维和数量解析的优势来指导决策，该企业在产品上市前后花费几个月的时间来对此进行研究分析。不同的小组是如何做出决定的？在这个过程中，谁需要“阅读”数据来寻求帮助？

研发团队

第一，我们来看看研发团队。研发团队的人需要阅读、理解、利用大量的有价值的数据和信息资料，以便进行决策。在这个例子中，研发团队在搜集企业内部和外部数据的时候，已经投入时间和精力。在这一过程中，该团队采用了调查手段，研究了竞争对手，分析了市场行情，以便掌握新产品的销售活力。正如我们想象的那样，该团队通过描述性数量解析和诊断性数量解析来阅读数据，并形成观察结果和认识以得到可能做出的决策。

营销团队

第二，现在看看营销团队。该团队的任务是为新产品开发营销活动和进行信息发布。营销团队需要查看和理解组织本身的海量数据，还要研究外部态势。过去哪些类型的促销活动有效？哪些类型的促销活动无效？哪些外部环境可能会影响产品上市？同时使用描述性数量解析和诊断性数量解析，帮助营销团队了解应执行哪种类型的营销，以使新产品正确启动并取得成功。

高管团队

第三，再来看看高管团队。该团队在产品上市决策中起着最终的决定作用。高管团队最好能阅读数据，以便能做出更重要的决策，如新产品是不是推向市场。我们知道，高管团队手头没有多少可自由支配的时间，他们不可能花大量时间阅读数据。高管团队需要能够阅读并快速评估提供给他们的数据，高管团队需要能够阅读和消化有关新产品的信息，从而做出明智的、富有见识的决策。

总的来说，就像我们可能看到的那样，组织中的每个人都需要阅读数据，组织中的每个成员都有自己独特的视角。具备读取数据的能力有助于整个组织理解如何使用数据语言，我们将在后面介绍。

特征 2：用数据开展工作

有的时候，当想到“工作”这个词时，我们可能会告诉自己这是一个让人感到难受的词，然而工作应该像玩耍一样有趣。工作是为了享受，让我们过上想要的生活。在数据认知素养领域，使用数据开展工作，应该是一种乐趣而不是一种负担，它应该能促进我们事业的发展，帮助我们向前迈进。用数据开展工作和一般意义上的工作意味着什么？理解“工作”一词的含义，需要把它放在一个更好的语境和环境中。

当考察“工作”一词的内涵时，我发现它有许多的解释和含义。在这里，我把“工作”一词理解成“为达到某种目的或获得某种成果，而付出的脑力或体力的活动”[3]。那么用数据开展工作就是，为了达到某种目的或结果进行的有关的脑力或体力活动。如果是这样的话，那么这一章的内容就结束了，是这样的吗？嗯，可能不是这样。下面对“工作”一词进行深入分析并进一步认识它。

马克·吐温曾经说过：“工作和娱乐在某种场合下，它们的含义是一样的。”[4]工作是那种能够让人产生愉悦的活动，既然我们对“工作”一词有了很好的认识，并且知道了工作和娱乐可能是一回事，据此我们把对“工作”一词这样的理解代入数据认知和组织工作中，就会有所帮助。

重申一下，我们把用数据开展工作看作为获得某种结果或目的，运用组织中的数据做某件事情。为了帮助大家认识用数据开展工作，我把它与数量解析的四个层次联系起来，将有助于我们将其带到现实环境。然后，利用组织的不同部分的良好流程来考察组织中的不同角色，可以帮助我们认识为什么他们会用数据开展工作。

数量解析的四个层次与用数据开展工作有许多共同点，对用数据开展工作，数量解析的每个层次都有着各自独特的方式。在描述性数量解析中，用数据开展工作对组织的许多不同人员和部门来说，可能意味着各不相同的事情。我们知道，描述性数量解析主要是对组织中已经发生的或现在正发生着的事情进行描述。当我们使用数据的这一特征开展工作时，描述过去已经发生了什么，就是我们要找寻什么的精确定义。在组织内部，不管你是对最近的市场促销活动构建数据可视化的人，还是对已经做好的数据可视化进行阅读的人，你都是在用数据开展工作，我们所有的人都在共同的基础上用数据开展工作。想想前面提到的劳斯莱斯公司和飞机发动机的例子。就拿飞机发动机来说，人们以多少种不同的方式用数据开展工作？那些为数据建立传感器的人、那些收集数据的人，还有那些分析数据的人，所有这些人都在用数据开展工作。

数量解析的第二个层次即诊断性数量解析，它是在描述性数量解析的基础上寻找事情发生的“原因”，在这一过程中充斥着用数据开展工作。当人们试图诊断事情背后的“原因”、产生认识和见解的时候，就是在用数据开展工作。无论是提出和问询问题、接收报表和仪表盘，还是操纵者分析，我们都在用数据开展工作。你能想到你在什么地方寻求见解吗？你是在观看你最喜欢的球队比赛吗？你能确定度假的时候穿什么衣服吗？用数据开展工作有各种各样的方式。拿组织来说，再想想前面提到的劳斯莱斯公司和飞机发动机的例子，如果不用数据开展工作以形成认识，那收集所有这些信息资料的目的是什么呢？那些对来自飞机发动机的数据进行处理的人，他们有很大的责任去洞察，特别是当某些的问题可能会危害生命的时候。

预测性数量解析和指导性数量解析也是通过各种各样的形式用数据开展工作的。从帮助建立数据来源的不同群体，到通过数据开展预测性数量解析和指导性数量解析的数据科学家，乃至那些读取数据的最终群体。对你和我来说，处理数据都是司空见惯的事，事实上在我们的个人生活中，我们总是这样做的。

前面曾提到过，我们多久会观察一次体育比赛结果的趋势，试图解读我们的球队在与对手的大赛中的表现会是怎样的，以及诸如此类的事，也许是每时每刻吧。我们不断地使用和阅读数据，以提高我们生活的能力，但在工作环境中又是怎样的呢？下面我们通过一个事例来看看是什么情况。

假想你在一家大型企业中工作，大家正在研究发动一场创新性市场营销活动，这是该企业以前从来没有做过的。这场促销活动一反传统的做法，可能需要花去几个月时间来进行研究策划，因此公司的许多人对此感到很紧张。在这场促销活动中，人们是怎么用数据开展工作的？他们试图发现和寻找什么？数据认知能力在其中起着怎样的作用？下面就来讨论为保障这场促销活动能够取得预期效果，该公司不同部门的人是怎么用数据开展工作的。

信息技术团队

首先，我们来考察一下信息技术团队。像发动这样的促销活动，信息技术团队需要用什么样的数据开展工作？可以肯定的是，信息技术团队需要用数据开展工作。信息技术团队可能的任务是搜集可用的数据资料，以帮助这场促销活动做出更周全的决策。信息技术团队用数据开展工作，其内容多，形式也多样化。通过这些做法，信息技术团队给最终用户提供数据，以帮助促销活动取得成功。

营销团队

其次，我们来考察一下与这场促销活动直接相关的营销团队。对发动这样一场促销活动的营销团队，他们需要用数据开展工作吗？答案是肯定的。营销团队需要考察、建立描述性数量解析。他们也需要用数据开展工作，以便能够根据企业内外部数据诊断趋势、模式，以及预测可能出现的极端事件。对这场促销活动能否取得成功，营销团队需要用数据开展工作以做出预测分析。

销售团队

再次，我们来考察销售团队。销售团队直接面对消费者或潜在的顾客，他们可能要解答顾客有关这场新产品促销活动的疑问或接受咨询，向顾客介绍产品的用途和使用方法。销售代表应精通并接受有关开展营销活动所需的数据和信息的教育，并与顾客共享信息以处理消费者的诉求。

高管团队

最后，我们来考察一下高管团队。高管团队在发动一场新的促销活动的时候，最好用数据开展工作，尤其是当这场促销活动超出了他们的控制范围，也超出了以往做法的时候。高管团队将收到报表、仪表盘以及数据和信息资料，这些东西能够帮助他们做出更有智慧的决策。当高管团队收到这样的信息时，他们就是在用数据开展工作。

总而言之，就像我们看到的那样，组织中每个人都需要用数据开展工作，每个人在面临决策的过程中，用数据开展工作的能力始终是不可或缺的。遗憾的是，工作常常被掺杂进负面的含义，特别是在数据与数量解析中提到它的时候。通常，数据与数量解析中一讲到工作，它便被看成统计、编码等。工作应该被视为娱乐，就像马克·吐温所说的那样。数据认知素养型工作，应该是帮助组织取得成功的活动，能够帮助组织实现愿景和目标，就像我所说的那样，它能够为企业的发展做出贡献。当我们提高了自身的数据认知素养，学会用数据开展工作，并且始终保持着一种积极的心态时，我们一定会发现用数据开展工作有助于我们做出智慧决策。这种做出智慧决策的能力，不仅对我们的职业生涯有所裨益，也对我们的生存生活有好处。在我们规划职业生涯、购买小汽车或住房、选择合适的目标时，谁不希望自己拥有做出好决策的能力呢？用数据开展工作能使我们释放来自数据和技术的压力，不仅如此，它还会为我们自身的利益提供正能量。用数据开展工作，应该成为我们做好每天工作的代名词。

特征 3：分析数据

分析数据到底意味着什么呢？难道它不是只针对那些有技术在身或技术娴熟的人吗？要分析数据，是不是需要编码？对诸如此类的问题，我们的回答只有一个字“不”。我们每个人都拥有对数据进行有益分析的能力，分析数据能够帮助我们做出更明智的决策，也能够为我们带来好处。对我们生活中面临的海量数据和信息资料，开展数据分析还能给我们提供辨识和筛选的途径。我们当中的大多数人，或许都听说过“假新闻”这个词吧，提出问题与分析数据和信息的能力可以帮助我们辨识错误的信息。无论是为我们的职业还是社交媒介开展数据分析，分析数据都是数量解析第二个层次——诊断性数量解析中的关键要素。

当提到“分析”这个词的时候，可能各种各样的事就涌上了心头。现在来考察一下“分析”一词的含义。

所谓分析，就是对事物的组成要素或结构给出详尽的检查[5]。

乍听起来，分析好像是我们详察某事，以搞清楚它背后的“原因”。某事背后的原因或对它们的了解是分析数据特征的关键所在。关于“分析”一词，还有另一个解释，就是“通过仔细检查，发现或揭示（某事）”[6]。说真的，我比较赞成“揭示”的说法。当揭示某事的时候，我们是从掌握的数据和信息资料中展现或显示描述性数量解析的见解。现在的问题是，我们怎么分析数据和信息资料？假如没有技术背景，我们怎样才能从数据和信息资料中揭示见解呢？接着往下看吧。

一切都从问题开始，有的时候问题多一些，有的时候问题少一些，我们每个人都需要学会提出问题。是不是我们时常只从事物的表面看问题，然后对自己说是这样的、找到问题的答案了？在我们的职业生涯中，我认为我们就是这样被训练的。我们一步入职场，就被要求遵守规定的程序和策略，此时我并不鼓励大家询问很多问题。现在来看一个现实的例子：明天我应该穿什么衣服？

当我们确定明天穿什么衣服的时候，有多少人会根据室外天气的情况随意穿上衣服？如果你也在这样做，我希望你是住在加勒比（Caribbean）的某个地方，在那里99%的时间都是温暖的，你只能猜测……但是，即使这样，当一场大风暴经过时你也可能会后悔。对我们来说，要做出穿什么衣服的决定，需要采集和分析大量的信息资料。对此，我猜我们首先会利用智能手机下载天气预报APP，然后进行一番分析，当然这需要天气预报是准确的。此外，也可以打开窗户，看看窗外的天气情况进行直观分析。最后，你也有可能走到室外，亲身体验一下天气状况。所有这些都是在分析数据，哪怕我们采用的方法没有使用到什么技术，也仅仅是个人的观察而已。

为了能做出更明智的决策，我们每个人会连续不断地分析数据和信息资料。想一想不同的业务团队如何看待产品上市的数据，有可能对我们的理解有所帮助。

研发团队

首先，我们来看看研发团队的情况。为了掌握新产品上市的业绩，研发团队需要分析数据吗？是的！研发团队不仅需要分析来自企业内部的信息资料，还需要分析企业外部的数据。例如，当推出一款产品的时候，恰好遇上宏观经济出现了某种程度的衰退，对此有人可能会说推出新产品是不明智的主张，注定会失败，可是事实真的如此吗？如果外部数据反映宏观经济出现举步维艰的状况，这或许是否定推出新产品的助推器。对此，研发团队就需要加紧工作，提出问题和分析信息资料，看看新产品的推出究竟能不能获得成功。

> **产品团队**
>
> 其次，我们来看看产品团队的情况。为了准确预测新产品推出后能否获得成功，产品团队需要分析数据吗？当然，产品团队是需要分析数据的。产品团队会关心许多方面的问题，剖析产生这些问题的因素是什么，然后针对有关数据资料逐一开展分析。
>
> **高管团队**
>
> 最后，我们来看看高管团队的情况。高管团队需要分析数据吗？答案是肯定的，我也希望是这样的！高管团队通过分析数据，能够掌握新产品推出后能否获得成功。高管团队运营管理着整个企业，难道他们不会分析预测产品推出后能否成功的数据资料，只会做事后诸葛亮吗？高管团队需要分析大量的信息资料，例如，分析宏观经济是如何影响产品定价的？已经发生了影响没有？加工出来多少产品？能够卖出去多少？销售团队的销售业绩如何？

营销活动在多大程度上激发了人们对新产品的热情，像这样的问题，也只是冰山一角。数据认知素养的第三个特征的全部内涵就在于分析数据。因此，高管团队需要依据这个分析数据的特征，研究产品上市成功与否。在这一过程中，分析数据的能力无疑是非常重要的。

总而言之，就像看到的那样，我们每个人都需要分析数据。分析数据的能力在掌握产品上市情况中是很重要的。我们每个人都需要具备从数据和信息资料中发现趋势和模式的能力，需要通过详细考察发现或揭示事物背后的原因。我们不一定每个人都能成为数据科学家，但是我们一定要会进行问题分析。我们每个人都需要通过诊断性数量解析，挖掘能够帮助我们获取成功的信息。分析数据是数据认知素养最为关键的一点。不错，成功实施数据与数量解析策略的四个方面的特征都是重要的，但如果我们不分析信息资料，那将会继续停留在数量解析的第一个层次——描述性数量解析阶段。

特征 4：数据沟通

到目前为止，我们已经介绍了阅读数据、用数据开展工作和分析数据，接下来，将介绍数据认知素养非常重要的另一个特征——用数据开展沟通，简称为数据沟通。如果我们对数据做了细致的分析，通过诊断性数量解析获得了一些认识，那我们还应该做些什么事情呢？假设你认为你具备了沟通的技能但你不去沟通，或者不清楚怎么才能把看法表达出来，试问一下这是不是件糟糕透顶的事？毫无疑问，数据沟通是必不可少的技能。

关于数据认知素养的最后一个特征，先来认识一下它的含义。

所谓数据沟通，是指分享或交换信息、资讯或想法[7]。

拿数量解析的四个层次来说，我们希望把描述过去发生了什么的信息分享或交换出去，希望把通过进行诊断性数量解析所获得的重要想法或资讯共享出来，希望把在进行预测性数量解析和指导性数量解析过程中得到的预测结果展示出来，要想保证数据与数量解析策略成功地应用起来，沟通能力是必需的。那应该怎么开展数据沟通呢？在进行数据沟通的时候，有没有能够产生更好效果的特别做法呢？你要是这样问我，我会感到非常高兴！

在数据与数量解析领域，现在有个时髦的话题，这就是通过数据讲故事。为何用数据讲故事能得到如此的推崇呢？让我们来看一个事例，或许对我们有点帮助。假如我在本书前面几章中和大家分享统计资料和数字，我想你会迅速地告诉你的朋友："我在读一本很好的书，它有催眠功能。"与此相比，我们来看看另一个不同的场景。通常，你是怎么记住人们分享给你的故事和想法的？事实是，我们的意识里记住故事比记住数据做得好。所以，我们需要鼓励人们分享故事，用从数据中发现的结果、分析和所形成的见解来进行沟通。

这里仍然采用我们已经非常熟悉的方式，分别考察不同业务团队是否需要用到数据沟通这个数据认知素养的特性。为此，假设某个公司正在研究过去 12 个月的财务绩效。在过去的 12 个月里，该公司度过了一段非常成功的时光，正因为如此成功，使我们想去了解是什么引起了这样的成功，它能不能继续保持下去？现在的问题是，该公司的不同业务团队是怎么用数据进行沟通的？

财务团队

首先，我们来考察一下财务团队。公司的财务团队要了解公司过去12个月究竟是怎么获得成功的，他们需要开展数据沟通吗？是的。事实是，正是财务团队需要沟通经营的结果。在这个事例中，财务团队可能仅需要共享描述性数量解析的结论。财务团队将会和公司运营团队及其他有关团队，分享一些经营方面的指标数据和分析结果。财务团队必须借助数据分析结果，把企业运营管理财务方面的绩效有声有色地讲述出来。

数据科学团队

其次，我们来看看数据科学团队。对掌握过去12个月里真实发生的事情，数据科学团队可能发挥的作用更大。数据科学团队能够发现、分析和揭示其他人没有注意到的事情。事实上正是，数据沟通的特征能够让数据科学团队施展他们的数据认知技能。可能有人会问：数据科学家必须拥有更多的数据认知技能吗？答案只有一个字“是”。在过去，数据沟通没有被列入数据科学家需要具有的技能。然而，在如今崭新的数据世界里，这种情况必须改变，数据科学家必须开发培养与公司所有员工沟通的技能。

高管团队

最后，我们来看看高管团队。高管团队必须要能对分析得到的不同结论进行沟通，在取得成功的驱动因素是什么、在什么地方取得了成效、怎样做才能继续保持成功等方面，高管团队需要进行沟通。

数据沟通能力是很重要的，它有助于我们掌握和了解企业运营管理的成效。总体来说，在数据认知素养领域，我们能够看出它有个共性议题，那就是我们每个人都需要培养数据沟通的技能。

本章小结

通过本章的学习，我们已经清晰地看出，每个人——我的意思是无论是什么人，都需要开发数据认知素养的技能。须知，数据认知素养的定义告诉我们，数据认知素养的能力表现在阅读数据、用数据开展工作、分析数据和数据沟通。无论公司推出产品还是改进促销活动，数据认知素养及其特征都将会对组织的成功有极大的帮助。

通过数据认知素养的总体内容，可以得出两个关键结论：数据流畅性和基于数据的决策。数据流畅性就是人们说数据语言的能力。基于数据的决策，说的是根据数据进行决策。在本书的后面还会讨论。如果由于数据认知素养，我们没能做出更明智的决策，那还有什么意义呢？数据认知素养是赋予我们所有人权利，只要我们不反对的话，它一定会真正地做到这一点。

参考文献

1. Knight, M (2019) The Importance of Data Literacy, Dataversity.net, 12 March. Available from: https://www.dataversity.net/the-importance-of-data-literacy/# (archived at https://perma.cc/9295-8T9N).

2. Lexico.com, Definition of Read. Lexico.com. Available from: https://www.lexico.com/en/definition/read (archived at https://perma.cc/C4SR-LW6M) .

3. Lexico.com, Definition of Work. Lexico.com. Available from: https://www.lexico.com/en/definition/work (archived at https://perma.cc/4RZ3-HWFP).

4. Goodreads.com, Mark Twain Quotes. Goodreads.com. Available from: https:// www.goodreads.com/quotes/459791-work-and-play-are-words-used-todescribe-the-same (archived at https://perma.cc/YT5D-ENKM) .

5. Lexico.com, Definition of Analysis. Lexico.com. Available from: https://www.lexico.com/en/definition/analysis (archived at https://perma.cc/94SC-D5CH) .

6. Lexico.com, Definition of Analysis. Lexico.com. Available from: https://www.lexico.com/en/definition/analysis (archived at https://perma.cc/94SC-D5CH) .

7. Lexico.com, Definition of Communicate. Lexico.com. Available from: https:// www.lexico.com/en/definition/communicate (archived at https://perma.cc/ VC92-CYN3).

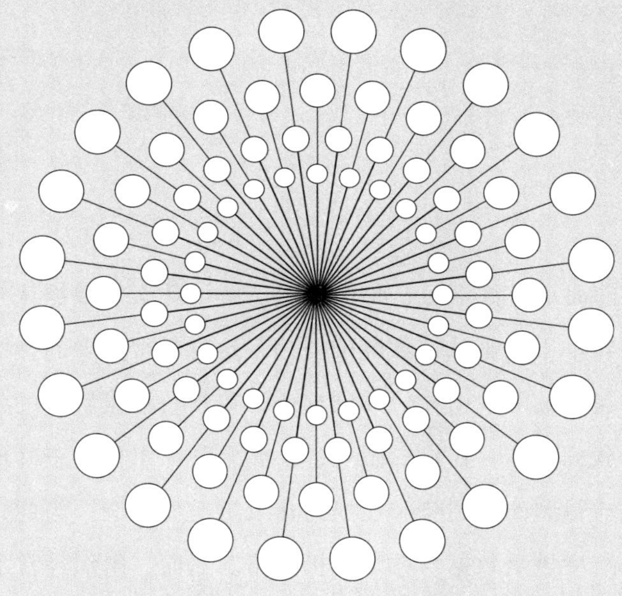

04

数据认知素养“伞状”构成

通过前面章节的学习，我们大概了解了什么是数据认知素养。现在来认识一下数据认知素养的搭档，这也是很重要的，因为这些搭档就像拼图的组件一样，共同构成了数据与数量解析的各个不同的方面。我们知道，在拼图游戏中，如果各个组件能正确地拼接在一起，这样得到的拼图势必能成为让人赞美的图画。为此，组织工作的出发点应该是数据与数量解析策略。然而，组织经常不是从这样的出发点出发的。一旦策略落地，数据与数量解析的工具以及规定就有可能正确。下面就来介绍这些工具和规定（见图 4-1）。

前面我们已经讨论过了数据认知素养，但数据科学是什么呢？数据可视化和数据治理又是什么？在数据认知素养中，数据道德伦理扮演着什么样的角色？在这一章里，我们将探讨数据与数量解析领域有关方面的知识。带着这一目的，我们回忆一下数据认知素养是怎么定义的。所谓数据认知素养，是指阅读数据、用数据开展工作、分析数据和数据沟通的能力。当探索数据与数量解析这些不同方面的时候，我们将同时从策略和数据认知素养的四个特征入手。具体来说，可以研究数据与数量解析的各个方面，以及数据认知素养如何帮助共同实现整体成功。本章涉及的内容并不是包罗万象的，但在数据与数量解析中起着重要的作用。

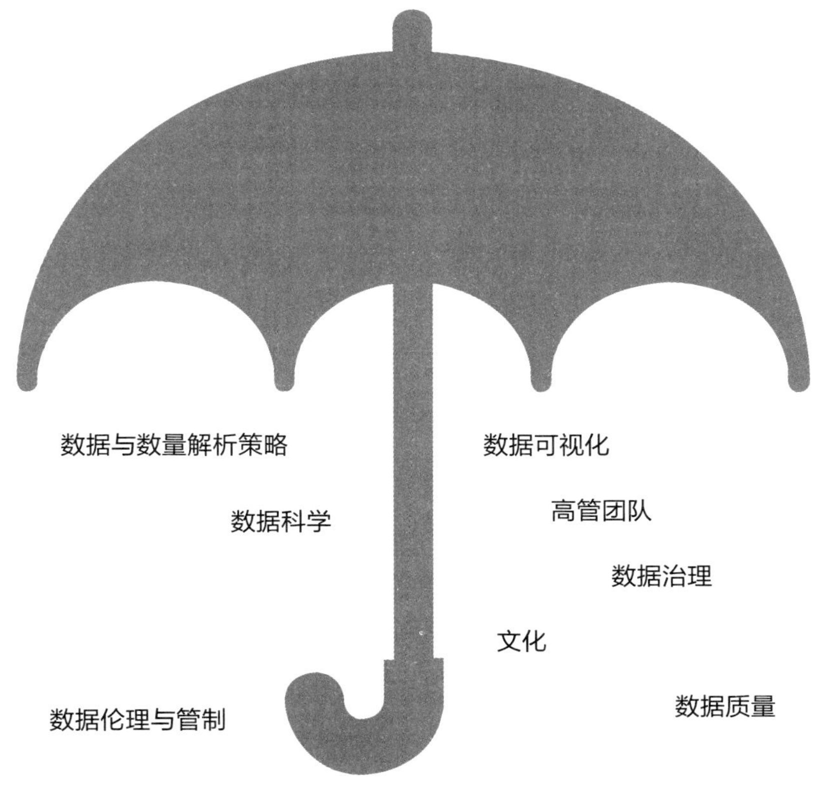

图 4-1　数据认知素养“伞状”体系

· 数据与数量解析策略；

· 数据科学；

· 数据可视化；

· 高管团队；

· 文化；

· 数据质量；

· 数据治理；

· 数据伦理与管制。

不过，有一个东西我们不会涉猎，因为它可能是本书的全部，就是综合性的数据与数量解析策略。在后面的章节中，我们将对这一话题做出比这里更多的讨论，但是数据认知素养对数据与数量解析实施是绝对需要的，如果一个组织没有数据思维，那么数据与数量解析如何能顺利实现呢？但是，这又涵盖了一整本书，不过这里只讨论其中的关键片段。

在开始讲解之前，先来简要回顾一下数据与数量解析策略。

数据与数量解析策略

虽然我不能对数据与数量解析策略提供一个全面的概述，但我可以向大家推荐伯纳德·马尔（Bernard Marr）的《数据战略》（*Data Strategy*）一书。对于我们来说，一本好的入门读物足以为我们提供更多的背景材料和足够的知识。

对于这本入门级读物，我想让你想象一下你被我派去帮忙盖座房屋。我走到你面前对你说：“我们一起来建造这样的房屋吧。”但我只有一张房屋的图片和一些工具，我甚至都不知道房屋的内部结构是什么样子，但我对这样的房子感觉超级感兴趣。顺便说一下，你不是建筑工人，也没有任何建造房屋的经验，但我选择了你并委托你完成这项任务。事情的有利之处是，至少我给了你工具，你有了一些钉子、一把锤子、木材等，然后你就开始忙活了。你认为你对完成我想要的房子的任务有多大的把握呢？哦，我有提过吗？这是我梦寐以求的房子，所以别让我失望。

我想我们所有人都认识到，这是实现建造房屋目标的不切实际的方法。猜猜怎么样？这好比是组织对数据与数量解析的诉求和期望。组织在通过数据与数量解析实现目标的时候，在它们的心中是有幅理想主义的图景的，因此，它们在各种工具和搜集数据资料上进行投资，但是它们采用了什么样的策略实现目标呢？就像房屋建造通过图纸、达成认识、施工顺序（一种策略），来寻求获得更大的成功概率一样，数据与数量解析也是这么干的。

数据与数量解析领域是复杂的，有可能比一座房子的内部结构更为复杂，但是开展工作需要按照蓝图进行，换句话说，就是需要遵从一定的策略。对此我们需要认识到，数据与数量解析的策略不是最终目标。最终目标是组织的目标，数据与数量解析只不过是工具，是确保实现组织目标的手段而已。

当组织希望执行数据与数量解析策略的时候，其中一个关键因素就是数据认知技能。拿建造房屋的例子来说，我向你提到一件重要的事情，不知你有没有注意到？你不是建筑工人出身！在一个组织中，有多少人被培训成了数据与数量解析的员工呢？很多人没有上过学或受过高等教育，因而他们不拥有数据与数量解析的知识背景。这就好比我要求你只用工具和图片来建造房子一样，你就和组织中的许多员工一样，试图认识摆在面前的数据，却不能运用数量解析，因为你根本不知道如何使用它。总的来说，数据与数量解析策略必须到位，甚至包括数据认知素养的人力资源因素。

数据认知素养与数据科学

数据科学不是现在才提出来的，客观地说，它已经存在很长一段时间了。利用数据开展检验、认识、试验和证明假设的欲望，由来已久。简言之，自从人类懂得利用动物迁徙信息来解决饥饿问题以来，人们就一直在试图使用数据来搞清楚某些事情。随着“大数据”的出现并跃升为商业世界的热门话题，数据科学的议题逐渐演变成当红文化。围绕着“大数据”，我们是不是无数次听过与之有关的热词？将大数据世界与不断增长的数据生产、物联网等结合起来，数据科学已经变得和其他商业词典中的术语一样常见。《哈佛商业评论》（*Harvard Business Review*）在 2012 年 10 月刊登了一篇有趣的文章：《数据科学家：21 世纪最性感的工作》（*Data Scientist: The Sexiest Job of the 21st Century*）[1]，确实助推着数据科学进入商业思维之中。现在，数据和统计学界的一些人是不是频繁地被称呼为性感的人？好吧，我们为此欢呼雀跃，我们被称作性感的人，我们的节日到来了。

随着上述那句话和“数据科学家”的流行，问题也逐渐出现了。

突然间，对这个备受追捧的角色的需求，超过了训练有素的数据科学家的实际人数。2019 年 5 月的一篇文章强调，“预计（到 2019 年年底）将有 4000 多个数据科学家职位空缺，比 2018 年上升了 56 个百分点”[2]。然而，令人感兴趣的是，这篇文章中提出的另一个尖锐观点，就是“数据科学家的短缺并不意味着无法获得数据科学家通常拥有的技能类型”，我觉得这是一个非常客观的观点。然而，即使公司在说服自己确实需要一名数据科学家后，成功地聘请了一名数据科学家，但由于缺乏数据与数量解析策略，公司也会为如何使用数据科学家而头疼不已。

随着对 STEM（科学、技术、工程、数学）教育的不断强调，越来越多的人在提升并投资于数据与数量解析所需的技能。由于我们已经了解到数字、数据与数量解析的世界，因此组织不能坐等劳动力具备充分的数据思维。特别是，虽然 STEM 教育很棒，也应该被教授，但它并没有给出一个完整的体系。STEM 需要扩展到 STEAM，也就是科学（Science，S）、技术（Technology，T）、工程（Engineering，E）、艺术（Arts，A）、数学（Mathematics，M）。我们永远不要忘掉数据领域的艺术，这种必要性的理由可以说出很多，但我们必须记住人类思想的力量。作为人类，我们的能力带来创造力、变化，看到计算机无法看到的东西，可以给数据与数量解析带来动能。另外，我们将故事融入数据中的能力是巨大的。

尽管后面会有更多的人在 STEAM 方面提高学历，但上面提到的那篇 2019 年的文章中指出了一个非常重要的问题：多年来，个人并不热衷于数据、统计、定量分析等领域的学习。面对数据科学人才的巨大缺口，我们可以用数据认知素养的精彩世界来填补这个缺口。

在数据认知素养的“伞状”构成体系中，数据科学起着十分重要的作用。在数据与数量解析领域，在数量解析的四个层次中，数据科学的作用毋庸置疑。数据科学可以帮助组织建立预测，使组织能够确定方向和决策。借助数据科学，个人可以利用科学方法和其他手段来测试、确定和发现认识，而组织则可以学习非常重要的知识以推动工作。在数据认知素养领域，数据科学的作用不容忽视。

首先，我们来看一个我个人的事例。我与数据科学公司的 CEO 开会，重申一下，这是一家数据科学公司。我大致问了这样的问题：“您向您的执行团队或董事会引进了多少数据科学家？”该 CEO 举起手并画了一个大大的圆圈（意思是没有）。我不知道是不是真的如此极端，我们不能要求数据科学家来为我们陈述或发表看法。这则故事的确说明了，数据与数量解析中的一些不同和分离的力量。过去利用数据与数量解析，软件和技术是分开的，或者设置在组织的不同部门。数据科学家已经接受了不同方式的培训，但沟通或公开发言没有得到强调和重视。过去我们没有要求过我们的数据科学家这样做，现在到需要改变的时候了，数据与数量解析策略应该包括这些方面的内容。

在我周游世界和工作过程中，我被问过：“在数据认知素养中，数据科学家有地位吗？”对此，我总是决然地回答：“有！”当我们想到我们的数据与数量解析策略拼图，再加上组织需要向大众公开数据时，每个人都必须具备与数据有效沟通的能力。这意味着对数据科学家的培训和教育，将不同于刚刚开始使用数据的初学者。

我们需要数据科学家学会公开演讲、有效沟通的方法，让所有人都能参与他们正在开始的数据之旅。我敢打赌，大多数数据科学家都有机会分享他们的分析成果，结果却让观众像鹿盯着迎面驶来的汽车的灯光一样一片茫然。当这种情况发生时，那么多有效的见解和想法可能也会因为观众不理解而没有被注意到。在这种情况下，数据认知素养要求数据科学家创造对话、语言和每个人都能理解的东西。他们的角色需要演变，以便他们激发其他人的数据思维。

数据科学还能在数据认知素养世界中发挥什么作用？我们当中不是每个人都需要成为数据科学家，但每个人都需要具有数据认知素养，那么数据科学和技术在数据认知素养中发挥着什么作用呢？我强调在组织的任何地方我们必须拥有数据科学，我的意思是纯粹数据科学，要让那些拥有高级技能的人能够建立强大的分析模型。纯粹的数据科学是指，使用数据来测试、提出假设、运用统计等，以进行预测、建模、构建算法。这是技术部分，是我们在每个组织中都需要的。有了它，我们就可以利用这些技术带给我们数据和分析的力量。然后，借助有效沟通的功能，分析可以遍及组织的所需部门。

数据认知素养与数据可视化

数据认知素养的世界是广阔的，由不断变化着的不同部分组成。数据可视化是其中的组成部分之一，它可以用于数据透视和提高我们的识别能力。何为数据可视化？数据可视化是一种研究数据的简捷方法。设想一下，你被分派了一项任务，去分析 50 列 100 000 行的数据。对此，我们当中有多少人会勇于接受这项任务？数据可视化就是把大量的数据进行简化处理并透视出来，以便凭我们的视觉就能了解数据和信息。

带着可视化这些想象，我们可以看到简化数据和信息能够讲出什么样的故事。究竟什么是数据可视化呢？我们不准备深入研究数据可视化本身，要是你们想这样做的话，可以看看史蒂夫 · 韦克斯勒（Steve Wexler）、杰佛里 · 沙弗（Jeffrey Shaffer）、安迪 · 卡特格雷夫（Andy Cotgreave）的著作《商业仪表盘可视化解决方案》（*The Big Book of Dashboards*）。不过在这里，我们可以对它们进行更多的说明。

如果你们真的想要了解这种技术的来龙去脉，那么我可以告诉你们数据可视化的历史可谓源远流长。我们的祖先使用可视化来传播信息和讲说故事，我们可以从埃及象形文字和美洲大陆远古民族那里看到可视化的影子。这种强大的信息分享方法是如何进入数据世界的呢？我们可以讲述数百年前可视化最早的统计测量的故事，也可以给大家讲讲最早出现的图表的意义，但是在这里我们不打算这样做。因为这类话题已经写过很多遍了，我们还是来看看数据可视化和商业智能的现代世界吧。

我们从一个问题出发，开始这一部分的讨论。对一张由 100 000 多行 50 多列数据组成的大表，我们当中有多少人愿意去筛选信息和提炼见解呢？如果要求我去做，我会用愤怒的眼神盯着老板。理所当然的，我猜测我们当中不会有多少人会乐意接受这个任务。即使你在表的开头发现了某种信息，但是如果24 000行和13列之后的数据使你所提炼出的见解不成立了，你又该怎么办？ 仅遵循此处提到的行和列可能会造成混淆。

假如现在我告诉你有一个很有效的办法来简化这张表，可以帮助你和你的组织来描述发生的事情（描述性数量解析），并获得认识（诊断性数量解析），这又会是什么感觉呢？这就是数据可视化的功能。数据可视化简化了组织采集和生产出来的海量数据，不仅如此，它还是数据认知素养的重要组成部分，乃至对数量解析四个层次产生影响。它是如何做到的呢？

首先，我们来看看数据可视化与数据认知素养的关系。这里重申一下，所谓数据认知素养，就是阅读数据、用数据开展工作、分析数据和数据沟通的能力。我要问一声，我们当中有多少人会去大学学习统计学、数学等课程？可能没有多少人吧。组织希望把数据公开化，大多数人不能掌握数据和信息资料，所以我们需要软件帮助我们进行数据处理。在这一过程中，一个非常有用的数据与数量解析工具，就是数据可视化。像Qlik、Tableau和ThoughtSpot（这里仅列举几个）这样的公司，它们开发的软件可以帮助人们对数据进行可视化和简化处理。在这一过程中，人们可以以一种更简单的方式读取数据，可以更轻松地使用数据开展工作，有针对性地提出问题，最后通过有效的数据可视化帮助我们进行交流。这使大量用户可以直观地查看数据、寻求认识，并通过数量解析四个层次进行工作。可能有人会问“该怎么做呢”？能提出这样的问题我是很高兴的。下面就来介绍可视化在数量解析四个层次中的应用。

数据可视化在数量解析的第一个层次中的应用是非常普遍的。我们知道，数量解析的第一个层次是描述性数量解析，它主要用于反映过去和当前发生的事情。如果我们采集到了数以百万计的数据点，那怎么用这些数据描述发生的事情呢？对组织数据进行可视化，这可是一个再合适不过的方法了。面对数以百万计的数据，我们可以把它们绘制成趋势图或其他引人入胜的图像，以此来帮助探寻事情发生的“原因”。

诊断性数量解析是数量解析的第二个层次，在开展诊断性数量解析的时候，我们经常需要运用数据可视化工具。重申一下，诊断性数量解析属于数量解析中的洞察级别，主要用于搞清楚事情发生的“原因”。数据可视化可以成为引发问题的催化剂。例如，为什么这个地方出现了异常值？为什么这个数据点远离其他数据点？为什么条形图中的这个条形比其他条形高？是哪一组的？为什么这么高？为什么在这个时间范围内出现了大量的数据点，而有一些数据点落在了预期的时间段之外呢？当我们看到面前的数据可视化图像的时候，都有可能会提出诸如此类的问题。能够提出问题（数据认知素养的第三个特征）将帮助我们提炼出真知灼见，只有做到这些，我们才有可能做出越来越多的预测。

我们知道，预测性数量解析是数量解析的第三个层次。对数据资料进行可视化，也许我们会绘制出一条折线图，据此可以看出事物的发展趋势及其走向。如果我们具备数据认知素养，就能读懂呈现在我们面前的图像所蕴含的信息。通过对数据进行切割和分块处理绘制出图形，我们便能得到不同的认识，然后可以对信息进行问题分析。根据所有这些点的变化情况，我们就能对组织和公司未来的走向做出预测。在此给出一个折线图的示例（见图 4–2）。

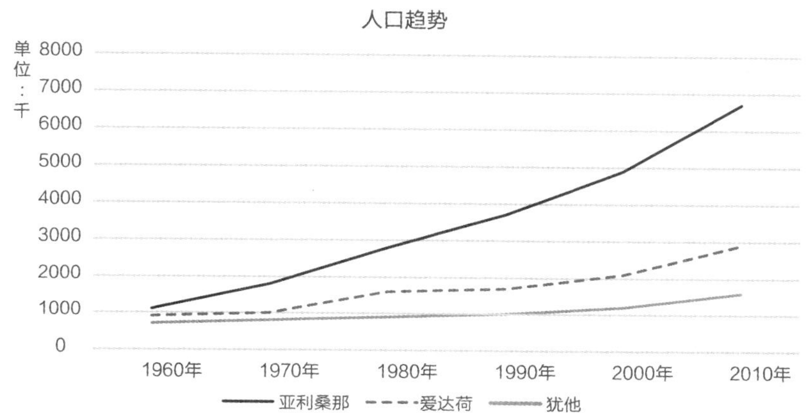

资料来源：美国人口普查

图 4–2　折线图示例

图 4–2 中有三条不同的折线，分别代表亚利桑那州、爱达荷州和犹他州。从中我们能看出这三条折线都存在由左下方向右上方变化的趋势。通过这个“描述性数量解析”，我们了解了过去数十个年份中，每个州总的变化情况。据此，这些变化情况也引起了我们的一些思考：为何亚利桑那州的变化比较快？是什么因素带动这么快的增长？究其原因，可能是亚利桑那州气候比较温和，或者是工作机会比较多。姑且不论是什么原因，但我们可以通过获得的认识进行预测分析。就拿这个例子来说，借助预测模型能预测到下一个人口普查期的总人口规模。

联系到指导性数量解析，数据可视化可以用来向我们展示那些预测是什么。然后，可以在数量解析的四个层次中一遍又一遍地启动这样的过程。

总之，在数据认知素养领域，数据资料的可视化占据着非常重要的地位。数据认知素养是针对大众的，数据可视化的作用在于，能够把非常复杂的东西进行简单化处理。

数据认知素养与高管团队

有的人可能会问：在数据认知素养领域，高管团队扮演着什么类型的角色？除制定数据与数量解析策略、推动投资之外，高管团队在数据认知素养中还起着重要的作用。对此，答案很简单，表现在两个方面：高管团队自身必须具有数据思维，高管团队必须在组织内部积极推动数据认知素养的培养。

高管必须具备数据思维，哪怕工作再忙也要提高自己的数据认知技能。高管必须拥有阅读带有许多数据论点的仪表盘和报表的能力，想一想那些 KPI，难道这些不是数据与数量解析的应有之义吗？是的！所以高管必须具备数据思维。

除了阅读数据，高管还应该具备用数据开展工作的能力。现在，我们花一分钟时间想想：高管有多少时间是在用数据开展工作？够了！用数据开展工作可能是如此简单，就是接收每周的 KPI 仪表盘，并进行快速查看。我们需要改变自身的思维定式，用数据开展工作并不是那么复杂，也不需要多少技术技能。接收并阅读每周的 KPI 仪表盘，就是在用数据开展工作。

在讲解了高管团队与阅读数据间的关系之后，现在来说一说高管团队与分析数据。为了推动组织目标和愿景的实现，高管团队绝对需要能够分析数据。一旦高管能够阅读数据和用数据开展工作，那么他们对数据和信息资料提出分析的问题并能够进行分析，就是不可缺少的能力要求了。当高管用数据开展工作、寻求解决方案的时候，能不能提出问题，事关激发对数据的分析。在高管时间有限且日常工作比较繁忙的情况下，这些方面的技能对高管来说确实至关重要。

最后，我们来讲一讲高管团队与数据沟通。毫无疑问，高管需要能够用清晰、简洁和有力的方式，进行管理数据沟通。借助有效的沟通方式，高管能够把与数据和分析有关的想法及主张表达出来。试想一下，如果高管说话不利索，不能与他人分享数据或把他们构建的愿景清晰地说出来，你会有什么感受呢？至少对我来说，我不希望我的高管是这样的人。

在讲述了高管所具备的利用数据认知素养四个特征的能力之后，为何高管需要具备数据思维？其中一个重要的原因是：高管为组织确定了基调，包括组织的目标和愿景。除组织的总体目标之外，高管团队还负责签署和制定数据与数量解析策略。难道我们希望数据与数量解析愿景是那些没有数据与数量解析技能的人所制定的吗？答案肯定是不希望的。我们都希望有一个富有数据思维的高管，以确保所采取的策略是强有力的、有影响效果的，并能与组织目标保持一致。

此外，高管还需要扮演另一个重要的角色，就是在组织中推动数据认知素养的学习活动。就像前面说过的那样，数据与数量解析领域存在着一个巨大的技能差距。为了使组织能够充分地利用数据，高管必须发动数据认知技能的学习，提高组织内员工的数据认知能力。为了保证数据与数量解析策略获得成功，高管需要在员工必备的技能上进行投入，以增强员工的数据认知素养和技能。如果高管做到了这些，员工就会更自信，更有能力真正地推动组织的发展。

总而言之，高管有必要对自身的数据认知技能进行投资，以增强自身的数据认知素养，只有这样，高管才能做出有智慧的、果敢的决策，也只有这样，才能保障员工队伍拥有充足的数据认知素养。通过上述，我们知道每个人在数据认知素养活动中，都有着不可替代的作用。

数据认知素养与文化

如果说数据与数量解析策略的成功存在一个首要障碍，那毫无疑问就是文化。停一下，采集不到数据不是更大的障碍吗？或者说软件和技术没有得到采纳不也是吗？说实在的，它们都是的，获取数据和软件技术都是比较大的障碍，但是文化是阻碍一个组织获得数据与数量解析策略成功的首要因素。考虑到这一点，好吧，我们可以改变文化，做好准备开始行动，对吗？

我们当中有多少人曾经扪心自问过：改变一个组织的文化是一件容易的事吗？嗯，这好比是不经过训练也没有适应一下地区环境，就带上氧气瓶，认为攀登珠穆朗玛峰是小菜一碟；或者说，没有经过任何训练轻松地跑了一场超级马拉松。事实是，改变组织文化不是一个轻而易举的任务。因此，如果文化没有准备到位，组织怎么会采纳和使用数据与数量解析策略呢？这是一个价值百万美元的问题，改变一个组织文化需要许多步骤来实施。解决这一难题关键的一点，就是数据的认知素养。

数据认知素养的技能的范围很广，涉及方方面面。对此，我们应该明白，对一个人来说，他不一定需要具备一整套技能。我们当中的一些人可能特别擅长提问题，有的人可能讲故事的水平比较高，有的人可能对数据可视化艺术方面很在行。通过每个人结合他们的个人才能，随着数据认知素养的发展，组织整体上可以在数据中茁壮成长。组织帮助员工培养数据认知素养和利用数据的能力，就是在培养组织成功使用数据与数量解析策略的能力。你可能会问：这对文化有什么帮助？我很高兴你能这么提问。

我们当中大概有不少人听过这样一句话："我一直是这样做的，我不想去改变了。"在工作和生活中，这是一句再普通不过的话。我们可以轻松地反复做同样的事情，因此，世界各地的个人和组织都不愿意去"改变"文化，并将文化的改变视为恐怖的事情。数据认知素养的妙处在于，它不是在要求改变事物的完成方式，而是在增强功能。我们在职业生涯中可能经常听到另一个说法："是否有更简单的方法来做到这一点"，或"我希望这可以以不同的方式进行"。这就涉及数据认知素养了。

数据认知素养不是个人能力、才能或职业技能的改变，而是个人在数据方面能力的提高。当谈到数据与数量解析在组织文化中取得的成功时，员工数据认知素养方面技能的提高，将有助于个人成功实施摆在他们面前的策略。这样，组织就不会试图运行大规模的变更管理程序，这个过程更多的是通过数据来加强个人的才能。当组织帮助个人更多地处理数据时，反过来又在帮助组织的文化更多地处理数据。

数据认知素养与数据质量

在数据与数量解析以及数据认知素养中，数据质量是非常重要的部分。为了了解这一部分的情况，我们来看看食谱的使用。我们当中有多少人吃过一顿自己最喜欢的饭？就个人来说，我比较喜欢美味的寿司。对于寿司，不同的米卷中有一些特定的搭配和调料，这些搭配和调料使寿司因味道独特而备受欢迎。如果搭配是恰当的，但所用的原料不新鲜或者质量差怎么办呢？当你吃了第一口时，你觉得你的味蕾会高兴得跳起来吗？我能猜出来你会说出的答案。须知：在数据与数量解析的活动中，也有类似的情况。

当我们努力利用数据做出更明智的决策时，我们需要高质量的原料来实现。这也是数据认知素养和数据质量协同工作的一个关键因素：如果一个人对自己的数据素养技能没有信心，他是否知道数据似乎“不准确”或质量不高呢？此外，如果他对自己的数据素养技能不自信，并且与数据团队沟通不畅，导致使用了不良数据该怎么办？我认为数据质量和数据认知素养是一个过于简单的概念，我们不需要进一步研究——但请记住，数据质量对于数据与数量解析的成功有着很重要的影响。

数据认知素养与数据治理

首先来介绍一下什么是数据治理。Dataversity① 对数据治理的解释是：

> 数据治理（Data Governance）是对组织内部数据资产开展符合规矩管理的实践和过程的总称。数据治理还有其他的一些叫法，如数据管理（Data Stewardship）、数据质量（Data Quality）等，旨在帮助企业对其数据资产实行更好的控制，包括在对数据进行合适管理过程中所使用到的方法、技术和行为。数据治理还涉及安全和隐私、完整性、有效性、集成、法规遵从、使用价值、角色和责任，以及组织内部和外部数据流总体管理。[3]

简言之，数据治理就是对组织的数据进行管控。这似乎简单明了，但数据认知素养与数据治理是什么关系呢？

---

① Dataversity：一家机器学习和数据科学的网站。——译者注

第一，那些推行数据治理策略、制订合适的规则、确保组织数据得到有效保护的人必须具备数据思维。前面曾讲过，高管担负着组织数据愿景和策略制定的责任，这些人必须具有数据思维，只有这样才能保证策略的健全有力。数据治理团队也是如此，如果数据治理团队不懂数据思维，那么他们可能会遇到很多关于数据以及如何在组织中使用数据的问题。

第二，如果那些在其职能和角色中试图获取和使用数据的人没有数据思维，他们就不会明白为什么自己能获取某些数据而其他人却不能。这可能会产生大量问题，如组织里的内讧和数据隔离，因为一些部门不希望共享他们正在使用的数据。一言以蔽之，员工必须具备数据思维，才能保证数据治理策略得到正确的落实和顺利取得进展。

第三，根据 Dataversity 关于数据治理的解释，数据治理可能包括其他一些重要的原则，如数据管理、数据质量等。数据认知技能可以在以下方面给个人赋能：成为好的管理员，明白什么是质量、为何它是重要的等。毋庸置疑，数据认知素养确实能真正使每个人认清这些重要的原则。

第四，也是最后一点，数据认知素养有助于个人掌握所投资的软件和技术设备，由此能推动数据与数量解析的策略实施。当个人通过数据素养来理解数据时，帮助他们成功的策略和技术就摆在他们面前，他们能了解数据是如何工作的，以及为什么要这样使用它。

总的来说，数据治理是组织在数据和分析方面取得成功的重要途径，而数据素养有助于个人在数据治理方面取得成功。

数据认知素养与数据道德和监管

随着世界需要适应数据生产、数据使用的增加，在某种程度上也包括社交媒体的数据，越来越多的法律在数据监管领域涌现出来。我们已经看到欧盟通过了一些法律，如《通用数据保护条例》（*General Data Protection Regulation*，GDPR），旨在规范和保护数据。我们也看到了人们对“黑箱”（Black Box）算法的伦理担忧，在那里已经发现偏见、不公正，甚至是种族歧视。诸如此类，更强烈的对话不断被提出来，对此我们应该怎么办呢？为了了解数据认知素养是怎样影响道德世界的，下面来看数据使用的几个实例。

事例 1：个人资料使用

我们当中有多少人遇到过在注册一个新网站时，必须创建一个新的登录的情况？我希望我们现在都举手了。在这个过程中，很多时候我们会看到“创建新登录”选项或其他允许我们使用不同渠道登录的选项，如 Google 或 Facebook。当使用这些其他通道中的一个创建新的登录时，新站点和现有站点之间的数据就会发生共享。现在，有些人可能知道这一点，但很多人不知道或不知道他们是何时注册的。这是具备数据认知素养的一个直接的好处。

当掌握了数据认知素养方面的技能后，就有能力了解数据的去向、我们的资料是怎么被利用的等。这样就可以在如何登录、创建账户等方面，做出更明智、更具数据认知素养的决定，数据认知素养为我们个人资料的使用提供了直接授权。

事例 2：算法问题

我们都听到过“黑箱”算法吧？这个术语在世界上很流行，它表明所构建的算法缺乏透明度，无法与其他算法一起查看其过程、代码等。从本质上讲，“黑箱”算法是一种很诡秘的方法，其中使用的一种算法能导出在许多行业中使用的数据。其中的一些可能是企业、银行和金融部门的招聘行为资料，以确定是否值得贷款给某个人等。对于这种情况，具备数据认知素养对我们有何帮助呢？

具备数据认知素养使我们能够了解数据的使用情况，以及一个算法如何可能对我们产生误导、使我们产生偏见等，使我们能够以正确的态度质疑一切。例如，想象某个算法给我们一个结果，告诉我们由于我们居住地区的邮政编码的缘故，我们无法获得贷款。如果我们有良好的信誉、稳定的工作等，而问题却出在邮政编码上，该怎么办呢？该算法只考虑了这一因素，正是这个因素令我们无法获得贷款。借助数据认知素养，我们可以问：这是否正确呢？机器学习真的能正确地考虑外部因素并做出明智的决策吗？我们应该完全摆脱算法吗？

针对最后一个问题，我们的回答当然是否定的！算法是有作用的，但我们不能相信它告诉我们的每个结果。我们需要人的能动性、数据认知素养，来帮助我们辨别算法结果，确保所依据的数据的可靠性，以便引导我们采取正确的行动。

事例 3：法规实施

当新的法律摆在我们面前的时候，如欧盟的 GDPR，对我们中的大多数人来说，执行起来可能存在困难，坦白地讲，就是因为我们没有头绪而无从下手。数据认知素养能增强我们每个人的能力，帮助我们认清规则和惯例。一旦这些规则惯例得以实施，数据认知素养就能够帮助我们更好地执行。下面看看能不能把 GDPR 的条例落实到位。

GDPR 刚开始被推出时，银行业一马当先，因为它们需要实施新的规则，在诸如此类受到较大影响的行业工作的人，可能会发现很难把新的政策实施到位，因为他们不熟悉需要实施新政策的“原因”。他们不了解目的，只是照着吩咐去做。

如果每个人都具有数据思维，GDPR 就不会因缺乏数据认知素养而面临着巨大的挑战，GDPR 的条例实施起来也会更加顺畅。加之，负责将规则和逻辑落实到位的个人，可以帮助其他人理解背后的“原因”。我知道发生了什么，所以我非常高兴签署和照章办事。对于熟悉数据领域的其他人来说，他们可能已经经历了正常工作的中断，越来越质疑他们为什么要签署这个条例或那个条约。这种中断会导致组织的服务中断，因为有更多的人有疑问。有了更强大的员工队伍和数据认知技能，这一条例的推出就可以从更智能的角度发挥作用。组织和社会都受益于数据认知素养，因为数据法律的推出可以从一个更平缓的角度进行。

事例 4：数据使用的伦理

在运用数据做决策的时候，我们个人对数据使用的情况是怎样的呢？我们需要遵守什么样的道德规范，以确保我们的使用是正确和成功的呢？我们可以一次又一次地看到，一个人的偏见是怎么被带进他们的决策过程的。数据认知素养如何帮助我们确保我们能够解释并消除数据决策中的偏见？数据认知素养如何确保我们在总体上合乎道德地使用数据？

数据世界充满了骗局、不道德的决策，用扭曲的数据表达我们自己的看法。数据认知素养和我们认识为己之利而滥用数据的能力，能够帮助我们做出更周全的决策。具备了数据认知素养，我们就能够看到现在和将来出现的错误。数据认知素养能够帮助我们从一个公正的立场质疑一切和帮助我们了解自己是否在决策中掺入了偏见或不道德地使用了数据。数据认知素养还可以帮助我们辨识他人用数据以偏概全地陈述问题。

数据认知素养确实能帮助我们识别数据被道德或不道德地使用在哪里，这一方面的技能的发展能推动社会向前进步。

总的来说，在数据伦理和法规方面，世界还处于初级阶段。我们看到越来越多的成功的数据管理案例，为了使这些类型的项目取得进展，我们必须确保每个人都在数据认知素养方面获得授权和强大的技能，不能仅仅以将规则和法律落实到位了事。只有这样，我们才能充分认识这些规则，并确保数据得到有效利用。

本章小结

就像第 1 章所说的，数据的世界是非常广阔的，并且发展还没有放缓的迹象。数据认知素养领域也十分广阔，包括许多方面的话题。组织的数据与数量解析之旅，应该从数据与数量解析策略开始，然后把有关方面容纳进来，这样才能最终打造出构建数据思维的精彩画面。

本章从数据认知素养“伞状”体系的角度讨论了数据认知素养。这个体系并不意味着全面地包含了一切，而仅展示了数据认知素养中的几个重要方面。尽管本章没有给出一个全面的列表，但确实展示了这个非常强大的主题的广度和深度。随着对这个主题的学习和探索，我们可以把它带回到这些不同的领域，帮助我们思考它可以涵盖的许多不同的领域。

参考文献

1. Davenport, T and Patil, D J (2012) Data Scientist: The Sexiest Job of the 21st Century, Harvard Business Review, October issue. Available from: https://hbr. org/2012/10/data-scientist-the-sexiest-job-of-the-21st-century (archived at https://perma.cc/44AP-9T2M) .

2. Violino, B (2019) 6 Ways to Deal with the Great Data Scientist Shortage, CIO, 22 May. Available from: https://www.cio.com/article/3397137/6-ways-to-dealwith-the-great-data-scientist-shortage.html (archived at https://perma.cc/ JDD8-6CQU).

3. Knight, M (2017) What is Data Governance? Dataversity.net, 18 December. Available from: https://www.dataversity.net/what-is-data-governance/ (archived at https://perma.cc/YZ9D-P2KC).

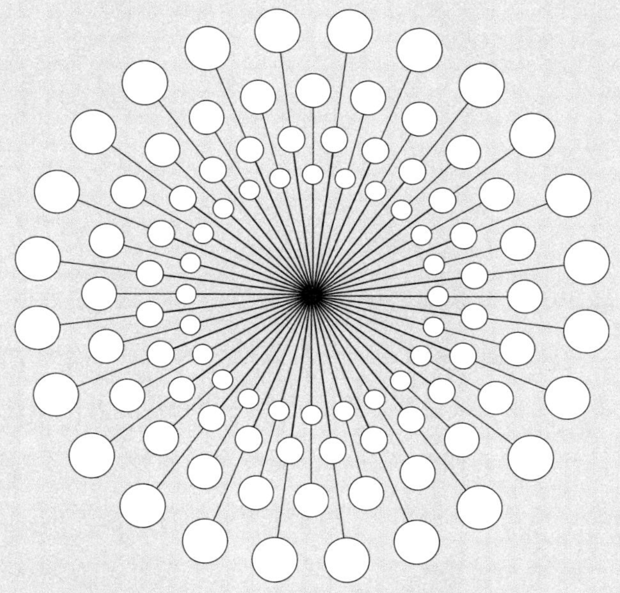

05
数据语言的阅读和表达

我们都知道数据认知素养有四个特征，就是阅读数据、用数据开展工作、分析数据和数据沟通。在数据认知素养的这四个特征中，其中一个特征可能比其他特征更为重要。我经常被人问这样的问题："在数据认知素养的四个特征中，哪一个最重要？"客观地讲，我们应该能想象到，数据认知素养的这些特征都是重要的，但这样的回答似乎不能让人感到满意。如果非要分出伯仲，数据认知素养的四个特征中阅读数据的能力可能更为重要。笼统地讲，阅读是一种释放自我的能力，我们可以通过阅读进行辨识、学习和产生想法。通过阅读，我们能了解发生了什么。就拿数据领域来说，能够阅读数据无疑是重中之重的事情，因为能够阅读数据意味着一个人能考察数据和信息，能够从数据和信息中领悟出我们面临着什么样的事情。一旦我们具备了阅读数据的能力，也就具备了用数据语言说话的能力。如果我们具备了用数据语言说话的能力，就能进一步领会我们面对的是什么，进而可以就我们的发现开展交流和沟通。下面通过一个事例来详述在这里讨论的问题。

想象一下，你一直在为一个即将到来的美妙假期做着规划。这是一个让你兴奋了很长一段时间的假期，你把它列入了你的人生愿望之中，把它当成了首先要做的事。作为你提高期望的一部分，你已经努力挖掘和研究要做的事情以及要参观的风景名胜和将要打卡的餐馆（当地的美食是最不能错过的，对吧？）。如果你这样做了，实际上也表明了你已经为准备这个美好假期投入了金钱和时间。

作为准备工作的一部分，你下定决心不放弃这个假期，而是围绕假期的关键目标制订一个计划：何时出发和何时返程，将要入住什么酒店，交通预算是多少和选择什么样的交通工具（如公共交通与租车），需要兑换多少外汇，等等。这种准备有助于你认为你已经准备就绪了，于是你对这个日思夜想的假期感到无比兴奋，渴望旅行快快到来。

随着出行时间的临近，你动身前往机场，早早通过安检，在上飞机之前好好美餐了一顿。登上飞机之后，你心满意足地坐在座位上，手里拿着零食，戴上耳机。飞机终于起飞了，于是你闭上眼睛，心中幻想着度假的快乐。飞机降落在目的地机场，你怀着激动的心情走下飞机，通过边检之后，你提着你的旅行箱，寻找附近的出租车准备进城。我们都知道，最后的事情总是非常顺利的……我们能想象到这一切都非常顺利，出租车来到了你面前，你打开了出租车的车门。

当你上了出租车之后，出租车司机开始用当地的语言和你说话。这时，你感到有点紧张，因为出租车司机根本不会说你的母语，你不明白出租车司机说了什么。经过一番比画，最终出租车司机明白了你要入住的酒店和想要去的地方。在出租车驶往旅馆的路上，你一遍一遍暗示着自己，语言不通不是问题，一切都会好起来的。

你到达旅馆后，服务员在门口迎接你，把你引导到前台，然后你开始办理入住手续。这位服务员结结巴巴地用你的母语和你交流，虽然说得不流利，但至少服务员明白且能够说出你需要的帮助。办理好入住手续，你进到了你的房间，稍作休息后，你打算到城区去逛逛。当你离开旅馆来到城区后，你发现没有任何用你的母语书写的路标（谢天谢地，幸亏有谷歌地图和 GPS 导航，不是吗？）。你在大街上到处闲逛，兴致勃勃地想尝尝当地的美食，进了几家餐馆，却发现服务员不会说你们国家的语言，菜单上只写着当地文字的菜名，你开始感到沮丧。同样的事情也在这个假期的不同地区发生着。你原本计划的美妙假期最终成为一场噩梦。这是怎么发生的呢？这到底与数据认知素养有什么关系呢？关系可大着呢！

组织在实施其数据与数量解析策略的时候，员工们能不能理解策略不是一件无关紧要的事情。组织阅读和理解数据能力的缺乏，有可能是数据与数量解析策略得到采纳和获得成功很大的障碍。尽管阅读和理解能力的缺乏不仅仅是唯一的问题，还有可能会引起人们广泛的困惑和沮丧。在那些试图在数据与数量解析方面获得成功的组织和个人中，究竟有多少遇到了这些“理解”问题？首先，也是最重要的，很多组织和个人没有一个利用数据与数量解析的周全可靠的计划，就像你在度假时所做的那样。其次，很多公司在数据和分析方面都很难取得成功，因为整个组织都不使用数据和分析的通用语言，我们称之为“数据流畅性”。认真地想想，我的意思是，在企业中，会不会有比数据与数量解析更复杂的术语？让我们看看组成这种复杂语言的一些词语或缩写词，如ODAP、OLAP、Markov链分析、数据方案、星型模式、大数据、商务智能、人工智能、增强智能、结构化数据[①]和非结构化数据[②]、统计学、贝叶斯统计、概率等。这里列示的只是其中的一部分。实际上还会有很多，人们记不住这些术语，没有什么奇怪的吧！

现在，想象一下你的组织正在制定这个庞大的策略，全力以赴地开拓数据与数量解析分析，并为此构建了宏大的计划和愿景。你所在的组织对数据和分析带来的可能性感到兴奋，并对可靠的数据源、可能采用的技术、数据质量等进行投资。组织开始进行数据探索时，却发现人们都很困惑，难以进行有意义的对话，还有在很多谈话中，总有些人在会议上睁大眼睛盯着发言者，心不在焉地做着关于下一顿饭的美梦。

数据认知素养和数据流畅性对数据与数量解析策略的成功起着至关重要的作用。实际上，我们可以把数据流畅性或者用数据语言说话的能力，称为数据与数量解析领域中的秘方。如果组织中的每个人都能自如地使用相同的数据与数量解析语言，想象一下这将会怎样？数据和信息及其分析结果等无障碍地流通是帮助数据和分析

---

① 结构化数据：计算机科学中，对数据的一种分类认识。通俗地说，结构化数据是能严格地用行和列组织的数据资料。——译者注

② 非结构化数据：计算机科学中，一般把数据区分成结构化数据和非结构化数据。非结构化数据是指不规则、不完整、没有预定义的数据，非结构化数据的格式非常多样，包括所有格式的文档、文本、图片、XML、HTML、各类报表、图像和音频/视频信息等。对非结构化数据的存储、检索、发布和利用，需要依赖更加智能化的IT技术。——译者注

取得成功的有力途径。想一想，这对员工来说是多么有影响力。注意：我没有说每个人都需要用完全相同的方式流利地说出来。不，不，不，方案不应该是这样的。如果你所在的组织告诉你，需要学习组织中统计学家使用的全部词汇，需要学习开发人员才懂得的完整的编码语言。试问一下，我们当中有多少人会就此心甘情愿地说“让我们这样做吧”。（现在，你们中的一些人可能是统计学家，非常高兴大家都能学习你们的词汇，但对不起，这不是我们现在要做的。）

教授每个人完全一样的语言和能力不应该成为计划。相反，我们应该想象一下，如何帮助组织中的每个人都能自如地说同一种语言。这并不意味着我们都处于同一水平，就像在讲一种语言的文明中一样。我们要让每个人都有信心与他人沟通，这意味着有些人的语言水平会提高，有些人的词汇量会少些，但数据的流畅性需要贯穿整个组织，这是为了让组织能够围绕数据进行对话，减少人们脸上“茫然不知所措”的表情。这种语言表达能力，不但有助于数据和分析更好地流动，而且有助于增强数据素养的第一个特征，即阅读数据。总体而言，我们每个人和组织都应该看到数据和分析在这一方面的改进。

为了帮助大家理解数据素养以及阅读数据和数据流畅性对数据分析成功的惊人影响，我们将深入探讨以下主题。

- 阅读数据；
- 什么是数据流畅性，它对组织意味着什么；
- 数据词典；
- 组织改善数据流畅性的策略。

最后，我们将通过一个由数据驱动的分析和决策例子，看看整个数据和分析过程中的会话和阅读数据的流程。

阅读数据

在第 3 章中探讨了阅读数据的有关问题，这里就不再重复其要点了。一些阅读数据能力及其对个人、组织或社会影响的真实例子，能够丰富我们对阅读数据的界定。为了做到这一点，我们来看看阅读数据有助于某种成功或结果的一些不同的例子。这里将介绍三个例子，分别是风险管理中的数据使用、美国网球公开赛上数据的作用和可口可乐美味数据功能。

首先来看看风险管理领域。在我们生活的数字世界里，风险管理是组织的一项重要技能和活动过程。我们是不是频繁地听到数据与数量解析中有关道德伦理的谈论？是不是频繁地听到数据中的隐私问题？是的，我们经常听到这些事情。掌握风险管理中的数据与数量解析技能是十分必要的，它有助于我们开展风险转移、风险投资等的管理。能够在整个组织中传播这一点，尤其是像金融机构这样的组织，是至关重要的。对此，我们来看一个例子，就是新加坡的联合海外银行（United Overseas Bank，UOB）。谁知道一家银行是使用数据来帮助进行风险管理（我希望他们使用数据来推动风险管理）？[1]

在 UOB 的例子中，UOB 借助数据把它其中的一个过程从耗时

18 个小时缩短到耗时几分钟。这是不是说明了数据的能量是惊人的？具备了这种能力，UOB 能推动更多的实时分析。与此同时，也提出了一个我经常被问到的问题：数据与数量解析及其所带来的授权会让我们变得懒惰吗？我可以这样来回答：一个过程过去需要花 18 个小时，现在只需几分钟，这给我们腾出了多少时间做好分析啊。组织需要数据认知素养，这应该是诸多重要理由之一。

快速地提升可能引起另一个有趣的话题：如果人们不能阅读数据和信息，组织会怎么做呢？在这里我们能看到阅读数据的能量。再者，阅读数据能够帮助我们考察信息，帮助我们理解数据信息究竟反映了什么。拥有这种阅读数据的能力，UOB 制定的利用数据与数量解析的策略，就有更大的机会发挥它的潜能。然后，在策略实施过程中，阅读数据能帮助员工做出合适的改变，从而推动事情的发展。这一切都可以通过组织中强大的数据素养计划来实现。

接下来，看看一个通过有趣地使用数据来增强体育迷们的体验的事例。这里用美国网球公开赛来说事。美国网球公开赛是大型网球赛事之一，每年举行一次。美国网球公开赛吸引了一批优秀的网球选手参加比赛，该项赛事组委会正在探索路子，以提高、改善、构建更好的“球迷体验”。作为一名体育迷，我深深地体会到一种让人印象深刻而有趣的“球迷体验”，确实能给人带来长久的回味，并使个人能全程关注赛事。问问自己，你曾观看过某个大型体育赛事吗？我猜想我们中的绝大多数人有过这样的经历，并醉心于赛场气氛，为自己的球队激动欢呼过。如果可以通过使用数据和分析来增强这些体验并令人更加兴奋，应该怎么办呢？这正是美国网球公开赛组委会和IBM通过合作为球迷提供更好的体验所做的事情。[2]

通过这一活动，IBM的Watson① 将知识、信息和经验带给球迷，这是球迷以前从未见过的。人工智能能让球迷了解更多的网球赛事、在比赛期间参观各个地方，最后，还能为球迷策划精彩的比赛。除了帮助球迷，数量解析分析还可以帮助球员取得成功。现在，也许我们中的一些人会说，这让比赛失去了纯粹性，但现在数据与数量解析可以告诉球员他们在比赛中投入了多少精力。有这么大的作用吗？球员可以利用数据越来越多地了解自己以及对手是怎么打比赛的。网球绝对不是唯一的利用数据与数量解析，以提高运动员比赛水平的运动。

总的来说，通过美国网球公开赛的例子，我们可以看到阅读数据能力的作用，从教练和球员了解他们的努力方向，到球迷能够理解摆在他们面前的信息以增强他们的体验，都与数据阅读能力有关。还剩下一个阅读数据的例子：你最喜欢的汽水公司和我的可口可乐。

有的人可能会问：阅读数据是怎么促进和帮助可口可乐公司的？首先来看一些具体的例子，说明可口可乐公司是如何处理数据并利用数据提升动力的[3]。例1：可口可乐公司推出樱桃雪碧时，

① Watson：由IBM公司的计算机科学家们开展的一个新型决策技术项目，取名于IBM创始人托马斯·J. 沃森（Thomas J.Watson）。Watson是一个由计算硬件、高速数据处理和数量解析算法组成的系统，以做出以数据为基础的决策建议。随着数据得到越来越多的搜集，Watson拥有了不断学习的能力。按照IBM的描绘，Watson首先从一个巨大的数据池里搜集成百上千个可能的方案，然后用数量解析技术来评估这些方案，最后提出一组最优的方案供参考。——译者注

这是数据收集活动的直接结果。顾客会点一杯软饮料，并根据他们喜爱的口味选择相应的饮料。通过获得洞察力和信息，一种新的味道有可能就会诞生。例 2：可口可乐公司正在使用人工智能机器人（artificial intelligence bots）来帮助公司与客户进行讨论。在这种情况下，人工智能机器人充当着自动售货机的角色，帮助顾客按照自己想要的方式调试饮料。这是一个很好的方法，可以帮助公司了解和掌握不同的混合口味，以提高客户体验。例 3：可口可乐公司利用社交媒体了解产品是如何通过不同的社交媒体渠道展示的。通过使用非结构化数据（如社交媒体），可口可乐公司可以了解更多顾客的想法，这些例子只是可口可乐公司如何利用数据保持领先地位并被公认为是世界顶级饮料品牌之一的三种方式[4]。

刚才探讨了在组织或事件中使用数据的三个例子：风险管理、美国网球公开赛、可口可乐公司。通过考察这三个不同的真实例子，我们能看出组织从阅读数据中获得的直接好处，还能从组织中找出其他阅读数据的事例：

· 跟踪市场营销活动的趋势和模式，了解组织的市场营销如何在不同的条件下取得成功；

· 了解构成组织客户群的人口统计信息；

· 了解不同的市场趋势，使组织能够在正确的时间生产新产品，投放这些产品，并帮助组织了解新产品投放在市场上的成败。

总的来说，阅读数据是组织接受并成功实施数据认知素养计划的一种强有力的方式。通过让员工对查看数据和信息充满信心，并理解这些信息，组织可以快速提升数据与数量解析的成功率。

数据流畅性

在学习数据流畅性之前，先回溯到孩提时代——我们开始学习说话和阅读的时候。客观地讲，我们根本没有必要追溯那么远，但早期语言和说话开发的原则和概念能够提供帮助，我们真的想拥抱那些伴随着说一门语言而来的思想，把我们带回这一章的开头。你还记得你计划的那次精彩假期吗？但结果怎样？遗憾的是，事情并不像你所希望的那样顺利。由于你不能讲当地的语言，因此你在度假期间遇到了麻烦。这是所有的组织都在经历的事情。组织对数据与数量解析有着宏大的想法，如通过它可以实现什么等，但是由于缺乏理解，它们正遇到障碍。值得庆幸的是，有一个很好的工具和策略可以帮助组织排除这些障碍，这就是数据流畅性。

什么是数据流畅性？本书给出的解释是：数据流畅性是对数据语言的表达和理解的能力，它本质上是用数据或与数据进行交流沟通的能力。在不同的场景下，“数据流畅性”这个词，有时是与数据认知素养不加区分地交替地被使用着的。不过，这不是本书想介绍的用法。因为本书把数据认知素养界定为阅读数据、用数据开展工作、分析数据和数据沟通的能力。数据流畅性，是对数据语言的表达和理解的能力。可能像你猜到的那样，数据流畅性与数据认知素养的第四个方面即数据沟通有一定的联系，数据流畅性与数据沟通之间确实存在着千丝万缕的关系。不过，为了帮助大家理解数据流畅性，我们将把表达数据语言的能力与数据认知素养的所有四个特征联系起来。从这个角度出发，我们将看到数据流畅性是组织通过数据素养工作的一种有力、有效途径，以及数据流畅性是整个策略中的一个关键因素。

首先来看看用数据语言的表达和理解是什么意思，然后探究一下数据流畅性的含义。为了帮助大家理解，可以回想一下向某人解释某件事，却让回头看我们的人一头雾水。你有过这样的谈话吗？先不谈关于数据与数量解析的对话，就是平常的对话：你有没有和某人交谈过，在短短的 30 ~ 45 秒，那个人已经开始发呆了。为什么我们在谈话中会令对方感到不知所云？我们能做些什么来确保我们的信息被传递出去并被对方接受呢？

对数据流畅性来说，这是关键所在。组织开发并支持围绕数据的语言的实践和使用，当组织开始开发这种通用的数据语言时，有关数据的对话可以推动更多的决策，其中的原因是更多的人能够理解所说的话。从历史上看，也许仍然如此，有些对话使得产生结果或行动变得困难。在很多情况下，这可能是因为对方不明白我们在说什么。现在，有了数据流畅性这一通用的数据语言，对话可以被视为授权。整个组织都能够与数据进行有效的沟通，从而推动明智的决策。

为了搞清楚它是怎么工作的，我们举一个例子。想象一下，一位数据科学家进行了一项能够产生圆满结果的分析，通过数据流畅性，广大员工就能明白什么该做，并能够执行分析所得到的见解和决策。再举一个例子：想象一下，数据分析师已经构建了一个周全的方案，现在正在向高管团队展示，希望得到执行经理的认可。有了通用的数据语言，高管就能更容易地了解新项目（我相信我们都希望领导层能够理解我们的方案或要求）。最后，假设由于拥有数据与数量解析的共同语言，信息能在整个组织中自由流动，因此方案、分析结果和策略就能被所有人执行起来，这是组织看到数据和分析策略取得成功的关键因素。

总之，能使数据和信息进行畅通无阻的交流的组织能力，不仅仅是一件值得拥有的事物，在某种程度上讲它也是一种必要的能力。为帮助大家更好地了解数据流畅性的作用，在这里用图 5-1 示意，借助该图或许能打开我们的思维和加深我们的认识。

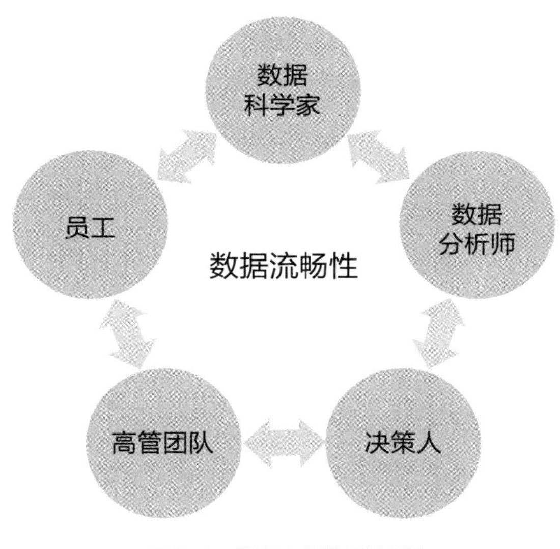

图 5-1　组织中的数据流畅性

由图 5-1 可以看出，信息是自由流动的，从数据科学家到数据分析师，到决策人，再到高管团队，直至最后的员工。我们不应该让数据流畅性不够而阻碍数据与数量解析策略成功实施，我们需要利用数据的共同语言推动数据与数量解析策略的实施。

数据词典

编写一本数据词典对组织构建数据的共同语言有很大的帮助。“数据词典主要提供的是数据集或数据库内容的详细说明，如变量的名称、被测量变量的数据类型或格式、文本描述，它为认识和使用数据提供了简明的指南。”[5]这个定义很好地描述了数据词典是什么，我们应该怎么使用数据词典。这里举一个我职业生涯中的例子，在这个例子中，我们既没有使用数据词典，也没有在数据流畅性方面严格地遵循惯例。

我在一家金融服务机构管理着一个大型商业智能小组，我和我的团队的任务是为终端用户创建仪表盘，编写数据词典，构建记录的源系统。其中，我们被分配的任务是记录的源系统。在我们的数据中有许多指标，它们被用于为团队构建功能强大的仪表盘。

有一天，我收到了美国消费资本集团总裁执行助理的电子邮件并接到电话，在交流中，这位总裁助理询问了我几个指标，试图搞清楚我们提供的指标数字和某位员工提供的指标数字为何不一样。换句话说，该员工分享了我们提供的一个指标，但是他给出的数字与我们给出的数字不同，该员工给出的数字可能出自其他渠道。在这种情况下，个人可以从他们认识的其他人获得快速的结果或响应，或者如果他们完全精通编码，则可以自己提取数字。这看起来还不错，不是吗？问题是他们没有使用我们的指标定义，而且提供了不正确的测量。这样问题更加严重了，因为这个数字被公之于众。所以，现在团队正在努力拼凑，寻找缓解已经发生的问题的方法。

为什么这是一个数据流畅性的糟糕做法？首先，这个人没有查阅我们编制的词典，没有找出和查明某个指标是怎么定义的。正是因为没有这样做，导致他们为获得正确答案设置了障碍，因为他们没有按照正确的方式去获取信息。其次，他们之间没有很好地沟通因来源不正确可能对这些数字产生的影响。

数据阅读与数据流畅性策略

既然我们已经考察了阅读数据和数据流畅性，随之而来的问题是我们应该怎么做，我们应该采取什么样的策略来更好地阅读数据和说数据语言。与数据和分析策略的其他领域一样，答案就是简单化。

为了使数据和分析策略取得成功并带来巨大的投资回报，数据流畅性必须与组织的目标相联系，遗憾的是，组织并不经常这样做。相反，大多数时候，数据与数量解析策略与企业战略处于分割状态。绝不能重蹈这样的覆辙了！数据与数量解析策略是实现企业战略的工具，我们必须把它们有机地结合起来。数据和分析策略的一个组成方面是数据素养，与阅读数据和数据流畅性息息相关。

通过阅读数据和数据流畅性，整个组织将有共同点和学习标准，但这并不是万能的。评估每个人的技能和舒适度，可以让组织了解需要采取哪些步骤和学习内容。一旦评估完成，根据个人的不同评估分数，每个参与者就可以继续学习如何更好地阅读数据。然后，他们可以学习如何更有效地使用数据语言。这将会使组织能够避免陷入困境，从而在数据方面取得更大的成功。

组织实例

数据语言是怎么帮助一个组织在数据与数量解析方面取得成功的？认识和了解它的来龙去脉，可以帮助我们看出整个组织的数据流。现在来看一个例子，我们所在的组织希望研究和了解新产品发布的市场状况。首先，我们将研究从产品构思到产品发布的高层流程。

公司的高管团队一直在考虑向全球推出新产品。新产品是从哪里来的？通过调查、收集市场数据和研究竞争对手，该组织确定自己通过数据了解了市场，并发现需要一款新产品。为了解决这一问题，高管团队的任务是分析所有这些数据和信息，并找到关键指标和趋势，从而做出明智的决策。这是我们阅读数据和数据流畅性或数据沟通的第一步，我们当中的一些人可能没有注意到，但有多个例子。

第一个需要检查的领域，是由被指定的团队阅读数据，以了解市场以及什么类型的产品可以填补存在的缺口。通过分析和阅读数据，该团队能细致地辨识不同产业和地区的多个缺口。合适的阅读数据的能力，使得分析师和该团队能够正确地了解市场。据此，该团队需要及时地把信息和数据提交给高管团队。在这里，我们能看到数据流畅性发挥了重要作用。如果分析师、高管团队不能分享他们的想法或有效地聆听员工的诉求，高管团队能够理解信息以做出更明智的决策吗？在这里可以清楚地看到数据和信息流是如何被有效地阅读和交换的。

一旦高管团队同意生产这款新产品，它就必须向生产产品的团队传达诉求。这是数据吗？绝对是的！我们需要认识到，数据不仅仅是数字，它也包括能在团队之间流通的信息。高管团队和分析师需要与生产产品的团队开展充分的信息沟通。产品团队需要能够读懂分享给他们的数据和信息，不仅要能阅读摆在他们面前的数据和信息，在产品生产加工的过程中，也需要与组织其他部门进行沟通。

数据和信息的畅通事关企业的组织目标。上面讨论的例子只是一些小片段，甚至是假设性的，但是从中我们可以清楚地看出，阅读数据和使用数据语言说话的能力是怎么帮助组织实现其目标的。阅读数据和用数据语言说话的作用在许多方面都存在。例如：

· 一家汽车公司打算推出一款新车。阅读信息、数据和市场的能力，对新车的正确推出和时机选择至关重要。

· 想想现在可以选择的所有流媒体服务，从网飞到葫芦[①]（Hulu）。在这些服务中，推出新频道或电影，根据观众的需求建立预测模型，或运行模型查看偏好，都取决于组织读取数据和有效开展数据沟通的能力。

· 考虑一下，我们的医院和医疗系统，尤其是当我们处理危机

① 葫芦（Hulu）：由NBC环球、新闻集团以及迪士尼联合投资的视频网站，号称流媒体“巨头”。——译者注

或其他问题时。医院对使用中的床位、手术护理等情况的完全掌握取决于医院认识和阅读数据的能力，以及与个人、所在的城市，在某些情况下甚至与整个国家进行有效沟通的能力。

· 最后，再来看一个例子，政府应对灾难、经济危机、流行病等的能力。正确阅读数据并与特定的人群开展有效沟通的能力起着关键的作用。对个人来讲，这也是数据认知素养的精髓所在，因为我们希望每个人都具备数据思维，只有做到这些，他们才能真正理解并推进政府的目标和指令。

本章小结

总结起来,数据认知素养包含四个特征,分别是阅读数据的能力、用数据开展工作的能力、分析数据的能力和数据沟通的能力。其中，阅读数据的能力可能是首要的素养，因为只有在阅读数据的基础上，才能用数据开展工作，才能开展数据分析和数据沟通。试想一下，如果连阅读数据的能力都不具备，怎么能具备数据认知素养的其他三个特征呢？在这一章中，我们着重围绕阅读数据和用数据语言说话，探讨它们的一些重要之处。在后面各个章节的学习中，我们将进一步感受到：阅读数据和用数据语言说话是怎么成为数据认知素养的极为重要的组成部分的。

参考文献

1. Kopanakis, J (undated) 5 Real-World Examples of How Brands are Using Big Data Analytics [Blog], Mentionlytics. Available from: https://www.mentionlytics.com/blog/5-real-world-examples-of-how-brands-are-using-big-data-analytics/ (archived at https://perma.cc/4RKM-UJEF).

2. Suzor, T (2019) The Future of the Fan Experience at the US Open [Blog], IBM, 27 August. Available from: https://www.ibm.com/blogs/watson/2019/08/ the-future-of-the-fan-experience-at-the-us-open/ (archived at https://perma. cc/64Z4-55AZ)

3. Marr, B (undated) Coca-Cola: Driving Success with AI and Big Data, Bernard Marr & Co. Available from: https://www.bernardmarr.com/default.asp? contentID=1280 (archived at https://perma.cc/P2ZX-NA49).

4. Kahn, Y (2019) These Are the Top 10 Brands in the World in 2019. Facebook Isn't One of Them, Business Insider, 18 October. Available from: https://markets.businessinsider.com/news/stocks/interbrand-top-10-brands-in-the-world-2019- 10-1028610273 (archived at https://perma.cc/65FM-DGM2).

5. U.S. Department of Agriculture, Definition of Data Dictionary. Available from: https://data.nal.usda.gov/data-dictionary-purpose (archived at https://perma.cc/ KYA7-AKE5.

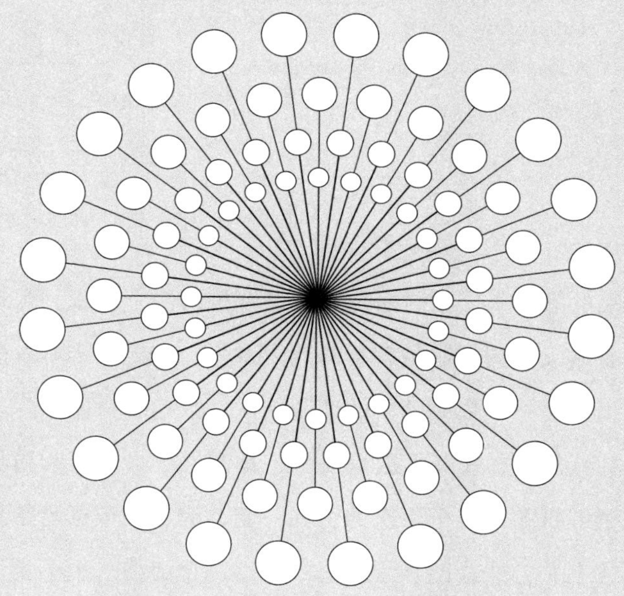

06

数据认知素养与数量解析四个层次的结合

在本书的第 2 章，我们探讨了数量解析的四个层次。数量解析的四个层次有时又被叫作数量解析的四个水平。为了便于本章的讲解和学习，这里重述一下数量解析的四个层次。数量解析的四个层次分别是描述性数量解析、诊断性数量解析、预测性数量解析和指导性数量解析。数量解析的这四个层次结合在一起，构成了数据与数量解析工作的整体方案和方法，能够帮助组织获得综合潜能，更不要说组织在这四个方面投入金钱的回报了。现在的问题是，数据认知素养与数量解析的四个层次有什么关系？我们在前面已讲述过数据认知素养了，但出于同样的理由在这里有必要重述一下，数据认知素养是阅读数据、用数据开展工作、分析数据和数据沟通的能力。须知，数据认知素养中的每个特征都各自在数量解析的四个层次中发挥着重要的作用。

为了提高我们对数量解析四个层次与数据认知素养的认识和理解，本章将详细阐述数量解析的每个层次与数据认知素养四个特征的关系。为了让大家更容易理解，我们将结合一些实际事例来说明数据认知素养在数量解析各个层次中的全面作用。

数据认知素养与描述性数量解析

回忆一下便知道，描述性数量解析是数量解析的第一个层次。简言之，描述性数量解析属于观察性的数量解析，主要考察事物过去发生了什么，以获取相应的知识。了解组织过去发生的事情，这对组织来说是很重要的一环。组织需要掌握它过去发生了什么，需要了解销售趋势是如何下降的，需要了解营销活动是如何开展的，以及各种各样的原因，只有这样，组织才能更好地规划未来。那么，数据认知素养在描述性数量解析中究竟起着怎样的作用呢？

我们知道，数据认知素养的第一个特征是阅读数据。我认为，数据认知素养的这一特征，对描述性数量解析来说，其作用是相当直观的。描述性数量解析，无非就是查看仪表盘、可视化数据或者翻看报表，对此我们需要全面认识呈现在我们面前的信息。试举一例，我们来看看 1908 年的伦敦地铁（London Underground）的线路图（见图 6–1）。

从图 6–1 中我们能看到什么？从图 6–1 中我们看到了代表各条地铁运行线路的图案、不同线路的颜色、各条地铁线上的站点。总的来说，图 6–1 是相当直观的，很容易阅读。通过阅读图 6–1，能够很轻松地识别出乘客的乘车路线。现在看看另一个事例：美国政府支出的“树映射”（见图 6–2）。

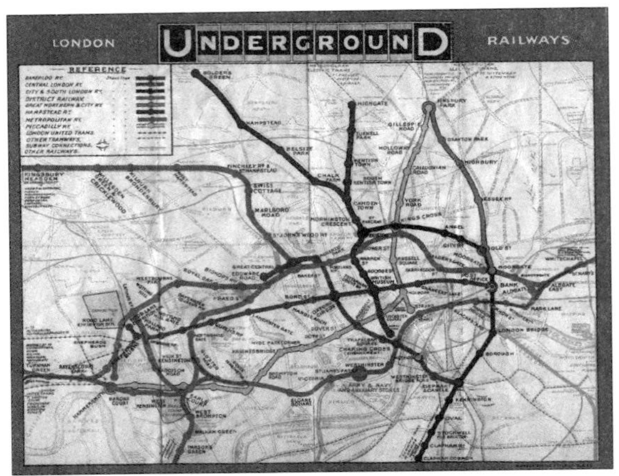

图 6-1　1908 年的伦敦地铁线路图

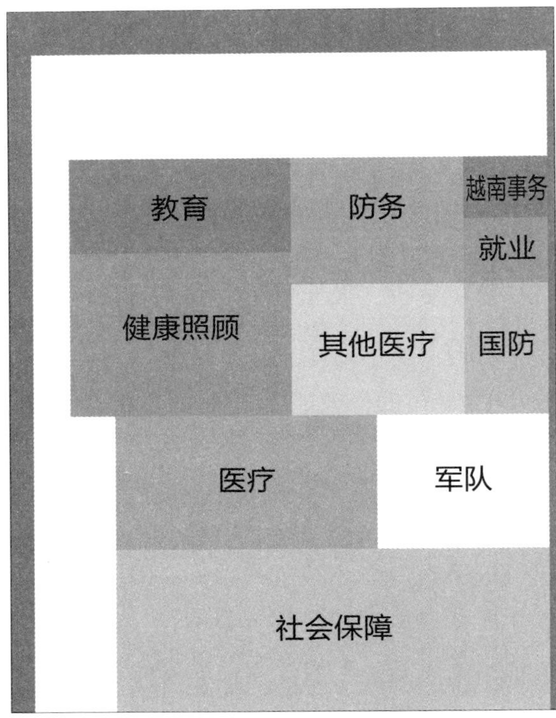

图 6-2　美国政府的支出

从图 6-2 中你能够读出呈现给我们的数据和信息吗？你能指出政府最大支出的项目是哪个、社会保障处于什么样的地位吗？

总的来说，上述两个事例都属于描述性数量解析范畴，是比较容易阅读和认识的，原因是数据资料可视化看起来比较直观。记住：阅读数据是一种考察和理解呈现在我们面前的是什么的能力。呈现在我们面前的，可能是数据可视化图形、年终报表或 PPT 等。我们需要通过数据认知素养来授权个人和组织，使个人能够阅读呈现给他们的描述性分析信息。

需要指出的是：在这本书中，我们不会讨论各种各样的数据可视化或报表制作方法，因为这些方法在其他书中都有提及，如本·琼斯（Ben Jones）的《避开数据陷阱》（*Avoiding Data Pitfalls*），或者史蒂夫·韦克斯勒（Steve Wexler）、杰佛里·沙弗（Jeffrey Shaffer）、安迪·卡特格雷夫（Andy Cotgreave）的著作《商业仪表盘可视化解决方案》（*The Big Book of Dashboards*）。我们的目的在于，帮助大家认识阅读描述性数据分析结果的重要性。

数据认知素养的第二个特征就是用数据开展工作。描述性数量解析与数据认知素养的这一特征有着千丝万缕的关系，用数据开展工作牵涉数据可视化时更是如此，不过用数据开展工作还有其他的一些办法，有的甚至是我们未曾见过的。你有没有拿过月末报表或年报看看预算和收入的数字？你的计算机屏幕上有没有与你分享某个促销活动点击率的报表？你有没有看过有一两张图表的 PPT 演示文稿？这些都是个人用数据开展工作的方式，也是展示描述性数量解析。

至于描述性数量解析，对一个组织里不同的角色，他们用数据开展工作可能表现出了不同的含义。我们都知道，组织是由许多不同的角色、岗位和责任组成的，有的用数据开展工作可能仅仅是处理 PPT 演示文稿或者查看数据仪表盘，有的工作职责可能是做描述性数量解析，还有的只是给出一个大致方向，建议企业需要什么样的数量解析（这有点像数据沟通，告诉我们需要从数据中获取什么）。总的来说，组织在开展描述性数量解析的时候，用数据开展工作会以多种形式参与进来。对每个人而言，这取决于他们的数据认知素养，以及组织根据对一个人的数据认知素养的了解所做的角色安排和怎么赋予个人这些方面的技能。

数据认知素养的第三个特征是分析数据。对观察性的数量解析来说，分析数据是非常简单的，就是观察某个数据点、趋势和数据所反映的“发生了什么”。图 6-3 是折线图，分别代表着狼、狮子和鲨鱼在 1990—1997 年种群数随时间变化的情况。

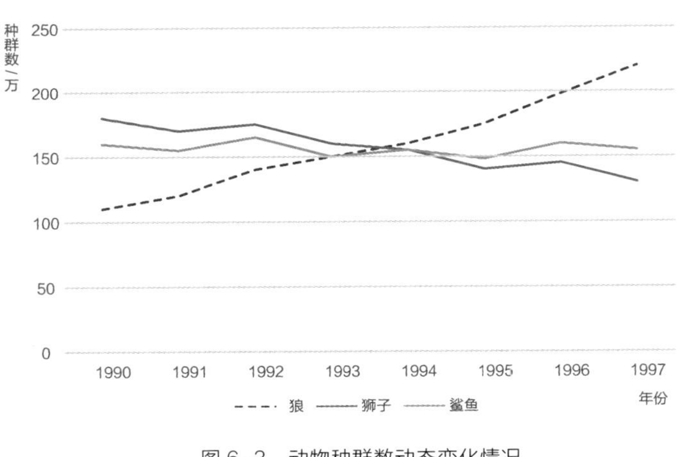

图 6-3　动物种群数动态变化情况

通过图 6–3，你能告诉大家狼、狮子和鲨鱼种群数变化的趋势吗？对狼和狮子来说，它们的动态变化趋势是十分明显的，狼的种群数呈由左下方向右上方变动的趋势，狮子种群数的变动趋势则与之相反。那么对鲨鱼呢？鲨鱼种群数在这么多年中，基本呈现水平变化的态势。

在这里，我们分析和观察了数据，但仅对数据做了观察，没有查明使这些折线呈现这样形态的“原因”，因此我们仅仅知道折线的走向（在讨论数据认知素养和诊断分析的时候，我们会关注“原因”）。

数据沟通是数据认知素养的第四个特征，也是数据认知素养的最后一个特征。这个阶段所说的数据认知素养的沟通特征可能看上去比较简单。在某些场合，数据沟通不是一件容易完成的任务。让人感到遗憾的是，数据语言的表达或数据流畅性并不总是那么简单（尽管我们希望它们是这样）。不过当谈到描述性数量解析的时候，我们需要保证我们的数据沟通是简单、明了又有效的。以图 6–3 来说，我们可能是这样就此进行交流的：“根据我们的观察，1990—1997 年，狼的种群在增加，狮子的种群在减少，鲨鱼的种群基本保持不大的变动。”在这样的对话中，我们可能刻意不让人觉得我们可以告诉他们为什么会这样，只是告诉他们我们看到的观察结果。

在就描述性数量解析进行沟通的时候，我们也不需要使用华丽的辞藻或刻意表达出我们的想法，我们只需要保持简洁并切中要点即可。就像在前面有关章节讨论的那样，我们希望创建一个共同的数据词典，采用容易理解的通用的语言与他人分享重要的描述性数量解析结果。总结起来，在数据认知素养中描述性数量解析不是很复杂。在描述性数量解析中，许多事情可以通过数据认知素养来完成，这取决于组织和组织中的个人正在实践并提高自身的数据认知素养技能，只有这样才能使描述性分析取得成效。

数据认知素养与诊断性数量解析

数量解析四个层次中的第二个层次就是诊断性数量解析，我喜欢把它叫作数量解析的“原因分析”层次。我们曾说过，描述性数量解析是观察层次的数量解析，它通过观察告诉人们什么事情发生了，但并没有告诉我们事情发生的原因是什么。要想进一步掌握事情发生的原因，需要借助诊断性数量解析。诊断性数量解析是数据认知素养的精髓所在。只有找出事情发生的原因，才能产生真知灼见，才能真正找到解决问题的答案和做出更好的决策。仔细想一想，我们不能只进行观察，只有深入发掘数据认知素养方面的技能和能力时，洞悉或“原因”才会显露出来。接下来，看看数据认知素养是如何与诊断性数量解析有机结合起来的。

首先，阅读数据是诊断性数量解析过程的第一个环节。作为数据认知素养的第一个特征，阅读数据意味着查看数据和信息，并读出它所蕴含的意思。对诊断数据和信息的人来说，这一点是极其重要的。在诊断性数量解析活动中，阅读数据和信息对掌握事情为什么发生，是特别关键的。通过阅读数据，也能促进我们提出更好的问题、寻求更多的数据，从而分析出更多的信息。

我们知道，数据认知素养的第二个特征是用数据开展工作。用数据开展工作，为我们深入开展诊断性数量解析开辟了一条重要的途径，通过它可以找出事情发生的“原因”。进行诊断性数量解析，需要借助一些软件。非常感谢那些致力于商务智能和数量解析的公司，像 Alteryx、Qlik、Tableau 等，这些公司提供的功能强大的分析工具，不仅能帮助我们构建可视化和对数据进行分析，还能帮助我们对数据进行深度挖掘。

对诊断性数量解析来说，用数据开展工作可能与角色有关，下面来看几个事例：

· 高管：高管团队在根据数据诊断“原因”的活动中，起着至关重要的作用。高管们具有长期的从业经验，如果将其与报表、数据仪表盘以及其他信息结合起来，他们就能产生疑问、提出主张，激励大家开展更深入的对话。尤其重要的是，高管与那些拥有技术技能和能力的人沟通，能更好地诊断出事情发生的真正原因。

· 数据分析师：通过组织数据的公开化，数据分析师能自主地使用数据。数据分析师用数据开展工作，不仅能开发数据可视化，而且能对数据进行过滤和管制，通过描述性数量解析考察数据背后发生了什么事情。

· 数据科学家：数据科学家用数据开展工作，以搞清楚事情发生的原因是什么，这将有助于进入数量解析的第三个层次分析，即开展预测和进行模型设计。

当然，上述所说不是组织的全部岗位类型，组织内部的岗位还有很多。不管怎样，在诊断性数量解析活动中，用数据开展工作会有多种形式。

数据认知素养的第三个特征是分析数据，在诊断性数量解析领域，谈分析数据可能有点多余。诊断性数量解析的实质就是分析数据。在这里来看一个医生看病的例子。医生希望能够帮助患者诊断病情，首先医生会听取患者对自己身体状况的描述，问询患者经历过的症状，观察患者目前的症状表现等。然后，医生会根据经验和专业知识，对患者的生病情况进行诊断。医生做出正确诊断的关键是他们的知识和技能。有了这些知识和技能，医生就有可能搞清楚患者发病的原因。

同样的事情也会发生在员工身上，首先，员工们并不是都具有诊断性数量解析的能力，但他们应该开发自身的数据认知素养技能，以便能正确和恰当地诊断出事情发生的“原因”。对个人来说，这样用数据开展工作是有效获取深度认识的强有力的途径，而这些见解可以用于组织的决策。

最后，我们再来讨论一下数据认知素养的第四个特征——数据沟通与诊断性数量解析的关系。数据沟通是基础，只有就获取的见解正确地进行沟通，才有可能推动决策。假如沟通不畅，那么组织做出的决策有可能会被无情拒绝。遗憾的是，在数量解析活动中，用数据语言说话和数据流畅性，并不总是那么富有效果和具有效率。因此，我们很有必要开展数据认知素养的学习。再者，就像描述性数量解析所要求的那样，诊断性数量解析同样需要简单、简洁和开展有效的沟通。在开展诊断性数量解析沟通的时候，我们无须使用华丽的辞藻，但需要切中要害。在整个诊断性分析的过程中，只要沟通计划做得好，利用通用的数据流畅性，我们是能够做到简单又切中要害的。

在实践中，有哪些诊断性数量解析的事例吗？下面就来介绍。

本事例是关于销售行业的，在各行各业中，销售员都希望推销他们的产品、挖掘潜在的销售对象、产生更多的销售收入。那么，描述性数量解析和诊断性数量解析能够帮助销售团队或个人胜任销售角色吗？通过这个事例我们将会看到，描述性数量解析和诊断性数量解析是促进组织销售管理的两个强有力的手段。首先，让我们看看描述性数量解析在塑造和讲述组织中潜在用户故事方面所起的作用，在不同的人口统计特征中客户怎么寻找，以及怎么会出现与预测相反的数字。

· 第一个例子是潜在的消费者在组织中是什么样子。利用数量解析软件的功能，如商业智能软件 Qlik、Tableau，组织可以把潜在用户的数据导入数据可视化工具中，由此组织可以通过过滤和探察，形成潜在用户逼真的画像。正如我们所想象的那样，借助描述性数量解析，组织能够塑造现有消费者的故事。

· 第二个例子是关于客户的人口统计细分。可以想象得到，对客户按地理位置、作为企业客户的年数、年收支等许多指标进行细分，能使销售人员真正了解消费者的情况。

· 第三个例子是关于实际销售与预测之间的关系。查看实际销售的趋势与预测之间的关系至关重要，如果组织没有能力将预测数字与实际销售数字进行比较，那么组织在为销售代表设定目标时就会失手，同时组织对销售正在发生的事情总体上不会有足够的了解。不过，我们确实需要认识到，这些仍然只是描述性数量解析，只是根据预测描绘了销售情况，我们需要深入探讨所有这些例子的诊断性分析方面。

上面针对组织的销售方面讲解了描述性数量解析，按照数量解析逻辑层次，接下来将以组织的销售方面为例谈谈诊断性数量解析。

· 在上面的第一个例子中，销售代表对组织内不同的潜在消费者进行了查看，通过销售代表数据认知素养和技能，他们能查看潜在的消费者、阅读呈现在他们面前的数据，以及能够搞清楚哪些公司或潜在用户有可能比其他公司和潜在用户带来更多的利益。这是值得拥有的重要技能，因为销售代表能够阅读有关潜在用户的信息，在此基础上，销售代表就能用数据开展工作、分析这些数据，进而制订出能够吸引潜在用户的方案。

· 上面的第二个例子通过人口统计信息从细分和布局的角度认识不同的客户。在描述性数量解析中，仅查看客户细分情况不能勾勒出不同客户的完整画像，可是通过进一步挖掘这些细分的信息，可以发现客户为什么这样支出、为什么购买这些产品，依此销售代表就能掌握如何更好地确定目标客户的方法，除此之外，更重要的是能够搞好与目标客户的关系。

· 最后，对应上面的第三个例子，了解实际销售收入的趋势与预测，对销售代表来说是很重要的，因为销售代表希望能确定每个月需要完成的定额。销售代表研究销售的趋势，对比是比预测的结果做得更好还是更差，就必须在描述性数量解析的基础上进行外展，深入发掘“为什么”做得更好或更差。做这些东西是一项很重要的技能，也是销售代表制订月度和季度销售额的基础。有了这些，组织就能更好地规划未来。

总结起来，从上述事例可以看到，用描述性数量解析原理开展观察分析，然后过渡到“原因”分析或深入认识，有助于提升组织的管理能力。发展阅读数据、用数据开展工作、为发现问题而分析数据、对发现的东西进行沟通的数据认知技能是极其重要的事情。我们不应该忽略对发现的东西进行沟通。试想一下，约翰·斯诺不把他的想法、猜测和发现与人沟通，谁知道霍乱疫情会怎样发展？以销售代表来说，如果他们发现了潜在消费者的迹象，却不和大家进行分享，这会怎样呢？假如销售代表发现了一些与人口统计有关的信息，这些信息显示了“为什么”对销售预测产生直接影响，可是他们却隐瞒了这些信息，那么他们会遇到多大的麻烦啊？数据认知素养的第四个特征是数据沟通，这项技能也必须在描述性和诊断性数量解析分析中加以培养。事实上，数据认知素养的所有特征，在帮助个人处理和驾驭描述性与诊断性数量解析方面都是重要的。

数据认知素养与预测性数量解析

我们知道，数量解析的第三个层次是预测性数量解析。预测性数量解析和数据认知素养是怎么结合起来的？现实生活中，不是每个人都需要具备技术技能，如此一来，为什么数据认知素养必须与预测性数量解析结合起来呢？遗憾的是，因为预测性数量解析（也包括指导性数量解析）可能涉及技术技能，如编码、需要使用统计学方法，所以我们并不要求每个人都去做预测性数量解析，但如果所有人都不重视和预测性数量解析打交道，那么有可能会损害整体的数据与数量解析工作。数据认知素养与预测分析有着直接的联系，下面我们来看看究竟有什么联系。

首先，数据认知素养有一个十分重要又必须掌握的技能就是阅读数据。在预测性数量解析中，当预测模型运行完成或分析结果被给出的时候，就要求我们能够读懂预测分析的输出。只有能够读懂这些预测结果且对自身的数据认知素养有自信的人才能理解并做出决策。须知，培养数据认知素养的最终目的不就是利用数据做出更好的决策吗？

其次，数据认知素养与数据流畅性、用数据语言说话的能力直接关联。假如你在营销部门工作，你很想去深入挖掘一场促销活动的数据（这是数据认知素养的第三个特征，即分析数据），又假设从促销活动中采集到的数据资料很复杂，这时你可能需要求助能够处理数据并能进行深度数据分析的人，因为你试图读懂数据和信息，并对描述性数量解析的结果进行诊断。虽然你不怀疑自己的数据认知技能，也有能力把你的东西和他们进行有效的沟通，有能力与他人分享你的主张、想法和疑问，能够与在技术团队的支持下获得完整的分析，但是这时你难道没看出数量解析的这四个层次是如何整体发挥作用的吗？

为了让大家更多地认识预测性数量解析，我们来分析有关预测性数量解析的几个事例，看看数据认知素养是怎么在其中得到应用的。

事例 1：气象与天气预报

我们是不是经常想知道天气状况如何？我们是不是经常使用手机上的 APP 查看天气预报以确定我们是否能穿上合适的衣服？至少我承认我是使用天气预报 APP 或登录相关网站来查看未来几天的天气情况的，尤其是我准备出差的时候。记得有一年 11 月底，我去芬兰参加数据认知素养方面的活动，当时芬兰可不那么暖和。或许我没有带对大衣，但我为这次海外旅行打点行李的时候必须了解芬兰那边的天气情况。这是我出差时经常做的事，我相信大多数人也会这么做。可你知道进行天气预报需要做多少工作吗？这里我就不详细介绍了，有兴趣的读者可以看看纳特·西尔弗（Nate Silver）的著作《信号与噪声：大数据时代预测的科学与艺术》（*The Signal and the Noise: The Art and Science of Prediction*），在这本书中，纳特·西尔弗做了很多的工作，分享了天气预报建模的有关问题。不过，天气预报确实是一件带有独特难度的事情。

首先，天气变化是一个十分复杂的系统，但在怎么建立天气预报模型和开展预测性数量解析方面，现在已经有了很大的进步。尽管这是一件很复杂的事情，但是那些擅长预测性数量解析的人，仍需要把有关事情和我们这些观众进行沟通。通过沟通，一旦我们了解了情况，加上我们能够读懂预报结果，如此一来，我们就能做出有关天气方面的预测。讲到这儿，我想帮大家理一理思路：描述性数量解析在这里指的是当前的天气状况，诊断性数量解析在这里指的是天气为什么会是这样，预测性数量解析指的是预报未来的天气状况。在这个事例中，我们同样能看到数据认知素养的作用：阅读数据（包括天气预报建模用的数据和预测结果的数据）；用数据开展工作（从建模用的数据到处理的数据）；分析数据，运用技术对数据进行处理；数据沟通，把相关结果向观众传播。

事例 2：体育活动领域

如果说一个行业经常需要用到预测，那么它可能就是体育行业。假如你是一位关注体育比赛的人，想想你上一次关注体育比赛的情景，是不是会预测谁会赢得比赛？你是否对你喜欢的选手预测了他可能的进球数？你是否预测了这个赛季的强队？体育有如此高的复杂性和现实性，对球队、球员、专营权来说，建模和开展预测性数量解析是一个有效的办法，因为他们都希望寻求卓越、赢得每场比赛。接下来，我们具体讲解一下预测性数量解析在体育领域中的应用。

美国国家篮球协会（National Basketball Association，NBA）以各种不同的方式开展预测性数量解析，对此，马廷·豪斯顿（Martijn Hosten）曾在他的一篇文章中写道："在 NBA 这个最受欢迎的篮球赛事中，他们在制定场上指导策略的时候，也使用了人工智能（AI）和预测性数量解析方法，比如通过模型预测某个位置上的球员能否得分或传出好球（以及传给了谁）。"[1] 既然 NBA 在制定教练策略方面采用了预测性建模的思维，那么请思考所有体育运动项目和预测模型存在什么样的可能性。

不得不说的是，虽然人们建立了模型，但不能传达所得到的结果，这样行吗？当然，答案是否定的。那些在数据与数量解析方面有天赋的人，需要有效地把他们的发现分享出去，需要教练员和运动员拥有足够的数据认知素养，以便能够明白预测的结果，只有具备了整体的方法和策略才能取得成功。

事例 3：目标营销

最后，再来看看有针对性的营销活动的事例。在商业领域，人们经常开展一些有针对性的营销活动。对此，应该针对哪些人开展促销呢？组织总是在寻求更好的方式来对待它们的目标客户。在这一过程中，预测性数量解析能够给组织带来力量。虽然开展目标营销确实能让我们认识到预测性数量解析的作用，但是我们也需要注意到，在做目标促销活动的预测性数量解析时一定不能带有偏见或歧视。通过真正的整体战略的力量，我们可以看到数据素养如何真正通过数据与数量解析策略，以及预测性数量解析的组织活动发挥作用。

当营销组织希望采用目标方法的时候，分析师或数据科学家为构建预测模型，都需要采集数据。通过这些数据以及对所传达的欲望和目标的认识，分析师和数据科学家才可以围绕着目标构建模型。一旦建立模型和得到了预测结果，个人或团队就可以将结果传达给营销团队，当然营销团队要具备数据认知素养并且知道怎么去实施。在此之后，他们就可以发动促销活动了。当促销活动的结果出来后，数据分析师和数据科学家可以重复开展分析预测。

由上述三个事例，我们可以看到数据认知素养在预测建模方面起着重要的作用。我们看到人们需要能够阅读结果、用模型和数据开展工作、分析信息，并进行有效的沟通。

数据认知素养与指导性数量解析

提起指导性数量解析，我们需要从技术的角度来思考。不过请注意，指导性数量解析并不都是技术性的，另外我们也不应该这样看待它。也许有人会问："数据认知素养不是技术性的，为何这里还要讨论它与指导性数量解析之间的关系？"这个疑问没有错，数据认知素养不是技术方面的，可是我们不能忘掉数据流畅性和用数据语言说话这样的议题。当用数据开展工作和做数量解析，并要求具备数据认知素养的时候，我们有责任理解或阅读来自指导性数量解析的数据和信息。另外，还要能就得出的决策和见解与他人进行有效沟通。说到这里，那什么是指导性数量解析呢？

踏蓝公司（Talend）①的一篇文章曾给出了指导性数量解析的解释，具体如下：

> 指导性数量解析是一个分析数据、对如何优化业务提供及时建议的过程。本质上，指导性数量解析开展活动的过程是：根据"我们知道的"（数据）、全面认识数据以预测可能会发生什么，以及基于信息模拟建议最好的措施[2]。

① 踏蓝公司（Talend）：是一家针对数据集成工具市场的 ETL（数据的提取、传输、载入）开源软件供应商。——译者注

这篇文章的后面指出，指导性数量解析利用相同的模型结构来预测结果，然后利用机器学习、业务规则、人工智能和算法组合，以模拟实现这些众多结果的各种方法，对优化业务提出最佳的可行措施。指导性数量解析讨论的是“应该发生什么”。根据这个定义，我们可以看出技术和非技术能够结合起来。

首先是技术方面。在数据与数量解析中，一些术语被不断抛出并被认为是“吸引眼球的”，如机器学习、人工智能。就指导性数量解析而言，我们可以看出它对技术员工的要求。这些员工拥有编码、数据科学、统计学的技能，能够用数据和技术开展工作。以人工智能和机器学习来说，它们确实代替了一些人的工作（这本书不会深入研究这些话题，有关这些话题的图书很多，有兴趣的读者可以看看）。

其次，我们需要终端用户，他们能够解释、执行和确保决策是周全的。下面我们用一些现实中的事例帮助大家认识指导性数量解析。

事例 1：医疗诊断

在医学领域，机器学习和人工智能的应用不断扩大，作用在不断增强，能够帮助提高医学资源的利用效率。设想一下，你是一名医生，你旁边放置着一台计算机，上面记录着一名患者的全部病史、症状和当前健康状况等。作为一名医生，你想为这个患者提供力所能及的援助，通过利用大量的数据资料、机器学习和人工智能（指导性数量解析）带来的帮助，你就能更有效率且有效地对患者进行诊断并开出处方。想象一下，你是一名医生，机器学习和人工智能可以帮助你在某种癌症出现在图像中之前就很好地诊断出它。想象一下利用机器学习和人工智能来帮助创造治疗疾病的方法。医疗领域，确实是一个正在通过数据的力量进行转型的领域。

有人可能会产生疑问：这个领域的反对者（那些不想走这条路的医生、护士和管理者）怎么办呢？医学和科学的世界是在不断演化发展的。放血是一种常见的医学实践，患者可以通过放血来帮助自己康复，这种惯例至少持续了 3000 年[3]。有了这些信息，从同一篇参考文章中，我们得知放血疗法到 19 世纪晚期才被停用。如果没有更多信息（数据）的出现，我们如今可能还在使用放血疗法。我不知道你的情况，但我很高兴医生能治好我的某些疾病，而且他们并没有放我的血。

事例 2：产品销售

事例 2 是关于产品销售的。如果要看看那些想要销售产品的公司，找出什么样的产品是客户想要的等，那你认为描述性数量解析能做些什么呢？如果你发现答案有很多个，那就对了。

我们来看看一些最受欢迎的公司。假如你为可口可乐从事数据与数量解析工作，可口可乐公司是家喻户晓的品牌，经常跻身全球十大品牌之列。可口可乐是一家了解数据的公司，就你的角色来说，你的职责是找到最受欢迎的苏打口味，而且要能很畅销，通过品牌效应提升销量。你个人是打算筛选所有的数据，还是想拥有一台比你学得快得多的机器（是的，很抱歉这样说，但它们确实能做到），或用人工智能解析数据，帮助你找到正确的行动方案呢？拿我个人来说，我倾向于选择机器学习和人工智能。现在，这是否意味着它们总是正确的呢？当然不是！但是，凭借数据认知素养，可以迭代和强化我们的方案。

另一家从指导性数量解析中尝到甜头的企业，就是福特汽车公司（我知道该公司在数据与数量解析方面做的工作，知道它的状况很好）。如果福特公司不掌握、不使用信息和数据资料，那它会知道应该生产什么样的小汽车和卡车吗？它们应该包括哪些方面的特征？如何保证车辆的安全性能？利用指导性数量解析，该公司有能力处理复杂的数据和模型，能够分析各种各样的可能结果，加上拥有一批强大的、自信的、充满数据思维的工人，决策及其修订就能被做出来。

下面来讨论一个我个人喜欢的公司——迪士尼。迪士尼的发布会、主题公园、电影和产品，并不经常失败。假如迪士尼不使用机器学习和人工智能来了解产品的受欢迎程度，不知道下一次该拍什么样的电影，以及不知道如何安排员工和确保主题公园的游客满意，那会是什么样子呢？迪士尼在策略和工作上做得很好，机器学习和人工智能在其中厥功至伟。

总结起来，指导性数量解析有着重要的作用，机器在数据处理上承担一些繁重的工作，可以减轻员工的负担，从而提高数据与数量解析的工作效率，这与数据认知素养有着直接的关系。如果工人不满意、对自身的数据素养不自信，组织能获得如此成功吗？

数据认知素养与数量解析四个层次的整体拼图

学习完这一章，我们可能会发出这样的感叹：在数量解析的四个层次中，数据认知素养是多么重要啊！一个人的阅读数据、用数据开展工作、分析数据和数据沟通的能力触及了我喜欢称呼的数量解析整体拼图。如果组织卡在这些层次中的任何一个环节，我们就不会得到这样一个健全的总体策略。阅读数据能使我们做出观察，进而认识正在发生的事情，也能让我们理解预测和结果。用数据开展工作，让我们能处理呈现的信息和数据，通过挖掘和过滤、更改，创建有关信息的新视角。这是相当有用的，可以揭示直接的见解。对摆在我们面前的数据进行分析的能力来自阅读数据和理解数据，有时它会带来深入研究。最后，沟通能力贯穿数量解析的所有层次，因为我们需要沟通、观察、提出见解、预测各种结果。这样做，就能获得整体拼图。

本章小结

在本章结束之前，我们需要确保自己真正了解数量解析四个层次和数据认知素养的作用。当涉及公司在数据与数量解析方面花费数百万美元时，这两个领域可能会被忽略。现实是，当组织在执行数据与数量解析工作时，如果我们对数量解析的四个层次组成没有充分的认识，就很难取得成功。首先，我们能看到在全球的组织中，数据投资并没有获得理想的回报。其次，组织需要数据认知素养，以确保组织能够成功实施数量解析的四个层次。假如个人对自身数据认知素养不满意、不自信，我们就不能期望他在四个层次的数量解析活动中取得真正的成功。

考虑到这些内容，制定一个合理的策略来学习、采纳和构建这些方案，就变得更加重要。但是如果没有一个全面合理的数据与数量解析策略，组织怎么能做到这一点呢？在下一章中，我们将了解什么是完美的数据与数量解析策略以及数据认知素养是如何发挥作用的。特别是，我们将通过员工团队了解不同的角色如何在工作中起着不同的作用。我们将介绍的角色包括高管、决策者、团队领导者、数据分析师与数据科学家，以及个人贡献者。还记得图 4-1 吗？在第 4 章中，我们讨论了“伞状”体系所涵盖的某些领域，但是不同的角色是如何发挥作用的呢？我们将通过数据认知素养和策略进行挖掘。

参考文献

1. Hosten, M (2017) Artificial Intelligence and Predictive Analytics in Sports: A Blessing for Some, a Nightmare for Others, We Are 4C, 4 September. Available from: https://weare4c.com/blog/2017-09-04-artificial-intelligence-andpredictive-analytics-in-sports-a-blessing-for-some-a-nightmare-for-others (archived at https://perma.cc/P5AE-R93U).

2. Talend (undated) What is Prescriptive Analytics? Talend. Available from: https:// www.talend.com/resources/what-is-prescriptive-analytics/ (archived at h ttps:// perma.cc/DFV9-ANWF).

3. Greenstone, G (2010) The History of Bloodletting, BC Medical Journal, January and February. Available from: https://bcmj.org/premise/historybloodletting (archived at https://perma.cc/3HJR-WYB3).

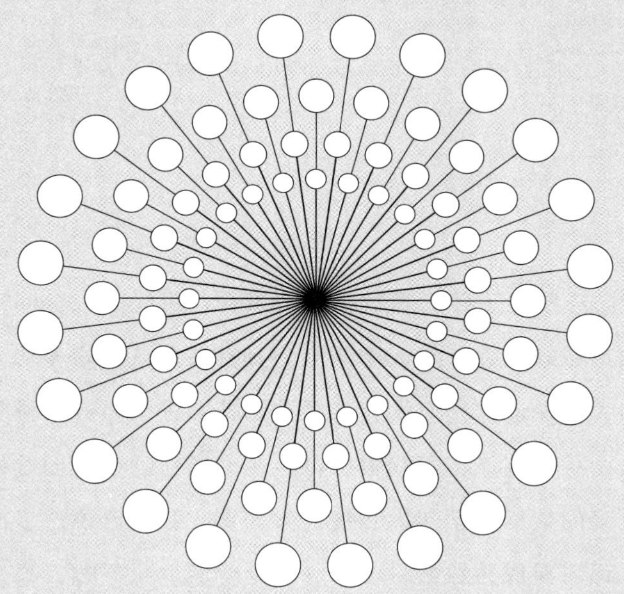

07

数据认知素养的学习步骤

我们已经熟悉了什么是数据认知素养，可能有人会问：我们怎么学习数据认知素养，怎么才能成为具有数据认知素养的人呢？对此，我向大家保证，我们没有必要重返校园去学习数据科学或统计学。相反，我们应该在实践中学习，在市场活动中我们有大量的机会学到更多的数据科学知识和统计学知识。我们已说过多次，并不是每个人都需要成为数据科学家、统计学家。只不过，每个人确实都需要具有数据思维。

在这一章中，我们将讨论数据认知素养学习策略，讲解组织怎样做才能帮助我们成为有数据认知技能的人。我们考察组织如何打造坚实而又健全的数据认知素养的行动计划、怎样给组织的员工提供更多合适的学习机会。另外，我们还将结合数据认知素养的四个特征，探讨提升数据认知素养的做法，使那些立志改变自己数据认知素养的读者都能有所启发和收获。

组织要想了解数据认知素养学习，首先必须了解总体的数据与数量解析策略。这两个方面相辅相成，如果只了解其中一个而忽视其他，将无助于产生企业的整体利益。实际上，在不知道组织整体数据与数量解析策略的情况下，试图制定数据与数量解析策略，无异于在不了解马拉松的情况下来做马拉松训练。组织要想获得数据与数量解析学习的成功，需要做到以下几点：

· 了解为什么要去做数据与数量解析；

· 了解自己想怎样赋权给员工与帮助员工实现目标。

为了帮助大家做到这一点，在这一章中，我们将从学习的角度，探讨数据与数量解析的多个方面，主要包括：

· 领导角色和高管团队；

· 数据与数量解析策略在数据认知素养学习中的作用；

· 数据认知素养学习的框架和方法（注意，这不是万能的）；

· 数据认知素养四个特征的学习；

· 健全数据思维文化的学习；

· 数据认知素养其他重点方面的学习（如数据伦理）。

总而言之，在数据认知素养的世界中，学习对于个人和组织真正实现数据与数量解析目的至关重要。

领导角色与数据认知素养学习

一讲到数据认知素养学习，就绕不开领导角色这个话题。领导在保证学习方案和项目运转中，起着非同小可的作用，只有领导重视才有可能成功实施数据认知素养学习。如果不能得到领导层的全面认可，一个项目就不太可能获得成功。如果没有领导层的支持，成功获得足够的资金来运行项目或计划，这有可能吗？无论从项目的角度，还是经费预算的角度来说，我们都需要获得领导层的支持。那么，对数据认知素养学习来说，领导的主要作用是什么呢？

领导在数据认知素养学习中的第一个作用就是认可和支持，这是数据认知素养学习达到目的所必需的。在你的职业生涯中，有没有因为知道领导在财务上不支持一个新的项目或产品，或者你根本不知道在该项目或产品中会发生什么情况而跳槽？现在，我们把这个问题转换角度再来说一遍，你是否曾经因为相信某位领导、相信他们生产的产品或相信他们分享的愿景，受到领导的鼓励进而追随这位领导？领导之所以能吸引追随者，就是因为他们手中掌握着权力。假如员工没有看到领导认可数据认知素养学习方案，那他们自己做还有什么用呢？来自管理层和决策层的领导，有必要公开表明支持数据认知素养学习方案，并且在全公司发动大家参与数据认知素养的学习活动，在整个组织里振臂高呼广而告之数据认知素养学习的重要性。

话虽这么说，但这并不意味着我轻视或贬低基层的力量。须知，数据认知素养学习行动，要想获得顺利实施并达到目的，与基层的配合有着千丝万缕的关系。组织开展数据认知素养学习，领导层的认可固然重要，只有得到领导层的认可，数据认知素养学习才能在组织内部推广开来，当然在这一过程中，也离不开广大员工的积极参与和对数据认知素养学习的热情。在领导层大力倡议他们的数据认知素养愿景，并试图发动员工参与数据认知素养学习活动的时候，组织中也要有一群员工能主动、自愿地支持，这对数据认知素养学习来说，也是非常重要的。由此，响应数据认知素养学习的这群人，就成了组织内部数据认知素养学习项目的义务宣传员。一旦当数据与数量解析确实处于组织需求和愿望的热点时，那么在数据认知素养学习方面，领导层就不会采取坐视不理的姿态。重要的是，领导层要传达强烈的支持信息。如果你是组织中的领导者，就应该在你的言语中时时表达出热情和决心，渴望帮助你的员工掌握数据认知素养知识。有些人可能会认为数据与数量解析是枯燥的、令人生畏的话题，这就是为什么领导层表现出激情很重要，由此团队才能更容易接受具备数据思维的好处。作为一个领导者，你有能力以一种有力又有效的方式来确定这种氛围。

除了引导合适的基调和情绪，领导层还得愿意在组织数据认知素养学习中进行投资。商务智能和数量解析公司 Qlik 曾开展过一项研究，结果表明“尽管有 92% 的商务决策人相信员工具有数据思维是重要的，但只有 17% 的企业明确鼓励它们的员工成为更富数据自信的人”[1]。换句话说，我们不能只是挂在嘴上讲讲就完事，确实需要拿出行动——组织必须对其员工进行适当的投资。

在这里，我想再提一个问题：你首先投资的是技术还是人？答案似乎是明确的，那就是肯定在人身上投资。让人感到遗憾的是，这么多年来，组织在技术、数据获取、软件等方面投入太多，人力资源完全被遗忘掉了。客观地说，人的因素和技术都不应该被忽略，组织在数据认知素养学习上投资，应该包括这两个方面。领导者应该确保在数据认知素养学习上投资的热情，这样他们才能期望对数据与数量解析投资产生良好的回报。

数据与数量解析达到目的的最大障碍就是组织文化。如果组织文化没有准备好接纳数据与数量解析，那么哪怕软件、技术和数据都是合适的，但投资也不一定能奏效。为此，领导层必须要确保在恰当的文化框架、文化结构和合理授权中开展投资活动，只有这样，组织和个人才有可能正确地实现数据与数量解析的预期目标。组织文化需要包括权利，以及能确保成功的特征。在本章后面讨论个人学习的时候，将探讨数据认知素养学习中更多的文化内容。

数据与数量解析策略和数据认知素养学习

现在，我们将探讨数据与数量解析策略是怎么与数据认知素养学习相辅相成的。为此，我们将从以下两个角度进行考察：

（1）数据与数量解析策略的哪些方面涉及数据认知素养？

（2）数据认知素养学习如何能实现数据与数量解析的预期目标？

首先，我们来探讨一下数据认知素养是怎么介入数据与数量解析策略的。当组织在数据与数量解析领域动辄投资数百万美元的时候，健全的数据与数量解析策略需要跟进到位，这样组织才能获得投资回报。在整体、健全的数据与数量解析策略中，必须要有明确的学习和授权的元素。数据与数量解析策略好比一台机器，机器有一些确定的操纵杆，我们需要拉动这些操纵杆，这样才能生产出想要的产品。每个操纵杆都有各自的用途和功能，在数据与数量解析策略的这台机器中，除了合适的技术、数据治理、数据获取，以及数据认知素养“伞状”体系的所有内容（想一想数据认知素养“伞状”体系的组成），还需要正确的数据认知素养的学习活动。当这台机器的所有操纵杆都被正确地操作时，机器才能顺利地运转，机器或许能生产东西，但一定不是我们希望生产出来的产品。因此，要使组织拥有完整方法以使数据与数量解析运转起来，这就要包括学习和提升人力资本。

其次，我们需要认识到数据认知素养的学习，能够保证我们对数据与数量解析策略的正确理解。就这一点来说，我们几乎是在处理这样的情境：哪个在先，即先有鸡还是先有蛋的问题。就数据认知素养学习和数据与数量解析策略而言，即数据认知素养学习在先，还是数据与数量解析策略在先的问题。

从根本上讲，数据认知素养学习和数量解析策略应该齐头并进，由此数据与数量解析才有顺利开展的保障。组织需要制定一个整体的策略，充分利用数据资产，并将重点放在引入合适的数据学习和框架上。猜想一下，当我们在学习数据、数量解析的时候，我们的数据与数量解析策略会发生什么？数据认知素养的学习与数据与数量解析策略的成功有着直接的关系，数据认知素养学习的每个部分都更完善、更有效，才能做出更好的数据驱动的决策。这是数据与数量解析策略与数据认知素养学习的完整策略。数据认知素养学习，能够增强组织员工了解数据与数量解析策略的能力，能够帮助员工充分了解它的作用，以及怎样有效地加以实施。如果组织员工没有良好的数据认知素养学习，数据与数量解析策略就可能落入一蹶不振的境地。据我个人对很多事例的观察，不少组织由于没有实行整体数据与数量解析方法，本能够获得成功的最终却没能成功。

数据认知素养学习框架与方法

在本章的开头曾提过：无论是对个人还是对组织，数据认知素养的学习都没有什么万能或“一刀切”的方法。在某些行业或领域，学习的方法对每个人可能是相同的，可以得到一种开箱即用的方法，对每个参与和开展学习的人都一样。然而，数据认知素养的学习与此有别，为使数据认知素养学习方法可行，我们需要针对组织和个人的具体情况量身打造，并让他们真正领会。下面我们来讨论数据认知素养学习的几个步骤。

步骤 1：识别数据与数量解析的环境与主管身份

发起数据认知素养倡议的，可能是组织中各种各样的群体（如人力资源部门、人才与首席信息官办公室）。正确的数据认知素养学习策略的第一步是要了解总体目标和组织整体的运营策略。因此，对数据与数量解析工作采取可靠、全面的方法不仅是必需的，而且是至关重要的。可能有人会问，谁是数据认知素养的倡导者，是一个特殊的群体吗？

这个问题问得好，我倒希望有个简单的、一键式的解决方案和答案，但该问题并不好作答。现实情况是，每个组织的组成和设计方式不同，政策和程序也迥然有别。政策、程序和组织结构等这些方面的差异使得我们不能说：“数据认知素养必须由这类群体拥有，其他群体不能掺和。”就像数据认知素养不是为学习者和组织提供全方位服务一样，我们也不能说谁拥有数据认知素养工作。关键是让高管或领导层认可，并制订一个周全的计划。假如你所在的组织有个首席数据官，那就太好了，你可以让这个人来负责管理。如果组织没有首席数据官或数量解析官，所有数据与数量解析是由首席信息官负责，那么数据认知素养的学习倡议可以让这个人及其团队管理运行。

当一个组织用这种方式建立数据认知素养计划时，组织将更容易了解和掌握数据与数量解析前景，原因是最有可能负责数据与数量解析计划的这些人，也是正在负责数据认知素养计划的团队。我们也能得到领导层的认可，因为负责这项工作的人可能来自组织中的高管团队或高层领导。

步骤 2：了解组织在数据与数量解析方面的技能

组织对数据与数量解析工作的所有权有了深刻的理解，加上对组织的数据与数量解析环境以及策略良好的认识，那么就可以进入数据认知素养学习过程中的第二步——评估员工，这是实现数据认知素养目的重要的一步！

当组织希望实施正确的数据认知素养策略和必要的投资的时候，

关键是从正确的基础开始。当我们想到建筑物和房屋时，合适的地基是建筑物整体结构完整性和寿命的关键。类似的方法，也适用于数据认知素养计划和策略。想要做到这一点，组织就应该着手深挖和了解存在于组织内的数据与数量解析工作的整体技能。组织实施正确的数据认知素养学习路径和策略，对这一基础了解至关重要。

这类评估的关键要素应该是确定组织技能差距表现在哪里、数据与数量解析的哪些方面需要进行更细致的检查。对于这类工作，存在着不同的评估：Qlik 提供一个数据认知素养计划，其产品带有不可知论的方法，或者 Tableau 的 Tableau 蓝图（Tableau Blue Print），旨在帮助创建一个 Tableau 驱动的数据文化。主要是评估存在的差距，如果组织能够认识到其技能差距在哪里，就能找到弥补这些差距的正确的学习路径和方案。

同样，正确的数据认知素养计划的关键、强有力的要素是了解和评估员工与组织。如果没有这个元素，“一刀切”的方法更容易实施，但无法获得组织所期望的具体结果。

步骤 3：带着期望的结果，制定合适的数据认知素养策略和方案

在认识了组织中数据与数量解析的前景，通过适当的调查或评估方法对组织开展测评之后，当务之急是要了解实施的方案类型是什么。这不是火箭科学，这是组织花时间调查和使用评估来实施这种战略变得如此重要的原因。评估应该成为组织发现、投资以及执行正确策略的强有力的路线图。如果没有这种评估，我们怎么能知晓我们实

现数据认知素养学习方案和执行策略，是不是那么好呢？假如不评估全部员工，假如没有预期的结果，又怎么能知道是否取得了成功呢？

最后一个问题：什么是我们要努力完成的？这对数据认知素养学习和倡议来说也是一个关键问题。这与了解组织的数据与数量解析前景是一致的，也就是说，了解一个组织应该了解它正试图用它在数据与数量解析方面的投资做什么。有了对组织试图取得成功的成果的良好了解，加上对组织的技能（以及因此而存在的技能差距）的深刻认识，组织就有能力实施正确的数据认知素养学习方案。

想要找到一个好的方案，组织就必须投入时间、精力和金钱来制订正确的计划。仅仅因为一个方案便宜而“确定”它，这并不是一个好的做法。当想到数据与数量解析活动的作用时，这类工作能为组织做的事就是省钱或赚钱。对正确的方案进行适当的投资是工作的一个基本要素，组织只有对正确的数据认知素养学习方案进行合适的投资，才能最终为自身带来巨大的回报。

步骤 4：对反馈开展适当的调查和沟通

对待数据认知素养学习时，我们需要强调的一个重要方面是良好反馈链的作用。为了帮助大家认识和了解反馈的作用，我来讲一讲我用过多次的一个事例，就是为跑超级马拉松而制订的训练计划。

对参加超级马拉松赛事的选手来说，保持适当的健身运动是必不可少的。为此，需要改变饮食习惯以及做好周密和完整的训练计划。在这个计划中，不仅包括要跑多少英里[①]，还包括要做充分的交叉运动和伸展运动，目的是确保在超级马拉松比赛中，自己的身体不会感到筋疲力尽或受到伤害。有一个基本要素贯穿其中，那就是需要聆听自己身体的反馈。超级马拉松全程基本上在50km以上，有的甚至超过50英里（顺便说一句，这种情况下最后只能步行了），当你为这样一项高强度且艰苦的赛事而进行训练时，可能会有很多意外之事发生。如果你不聆听自己身体对训练进行得如何的反馈，不了解不同的疼痛，不知道哪种疼痛是无碍的、哪种是令人担忧的，那么你要么会在训练中失败，要么会在比赛中受伤。

事不同但道理是一样的，类似的事情在数据认知素养学习（以及许多内部过程和组织的方案）中可能也会出现。如果组织不注意听取来自数据认知素养学习活动的反馈，那么组织可能会遇到许多本可以避免的问题。组织怎样才能确保自己获取合理的反馈呢？

首先，就是建立清晰且透明的沟通机制。在我与组织合作的过程中，我发现适当的沟通策略和计划，有助于保障组织的数据认知素养学习计划的顺利实施，能够减少沿途的坎坷和障碍。另外，它可以帮助组织确保学习训练的正常开展，而不是仅仅在后台发送另一封电子邮件。除了清晰的沟通，还要维持一个直接沟通的渠道，就像Slack[②]或Microsoft Teams[③]那样的沟通渠道。

其次，就是开展数据认知素养倡议参与者的内部调查。要想确

---

① 1英里≈1.6km。——译者注

② Slack：一款供企业内部沟通和协作的软件，具有聊天、工具集成、文件整合、搜索等功能。——译者注

③ Microsoft Teams：是Office 365的聊天工作区，为团队沟通提供服务。——译者注

保建立良好的、有效的反馈机制，就要对数据认知素养学习倡议参与者进行内部调查。有关这方面的调查，组织应该聚焦于自身已经采用的数据认知素养学习策略，包括学习课程是怎么开展的、学习者可能经历了什么样的差距等。当这些调查与上面的清晰而又透明的沟通结合起来，就能使参与数据认知素养学习的人开诚布公地说出什么是有用的、什么是无用的。

最后，为了确保建立一个良好的、有效的反馈机制，开展者与参与者需要进行不限时不限名额的焦点小组讨论，可以采用一对一的方式，也可以采用小组的形式，要让他们对数据认知素养学习和计划发表意见。如同调查一样，要根据得到的反馈意见，了解什么是起作用的、什么是无用的。

总结起来，通过反馈机制，组织能对自己已经采纳的数据认知素养学习倡议获得深度的认识。如果没有这些反馈机制，组织在数据认知素养学习活动中有可能会遇到很大的障碍，进而影响到总体数据与数量解析策略的实施。另外，通过在数据认知素养倡议中建立强有力的反馈机制，组织可以发现阻碍成功的障碍和差距，从而加以改进，并努力实现整体的成功策略。

步骤 5：不断完善数据认知素养学习方式方法

一旦反馈机制落实到位，我们应该怎么对待反馈意见呢？我们应该根据反馈过来的意见，对数据认知素养学习和方案所采用的方法进行迭代。这里，我们先来了解一下什么是迭代。

在数据与数量解析中，组织通常会采集越来越多的数据。随着数据资料的增加，组织有可能会更新模型，以便更清晰地掌握情况和其他东西。掌握了更清晰的情况和更新了模型，便要对决策等进行改进。如果组织没有获得更多的数据资料，没有拥有更多的信息，仍然使用着过去使用的模型，这会出现什么情况呢？对此，我们也许会感到很郁闷和显得悲观。所以，组织更希望有新的数据进入系统，旨在帮助它们改进和不断重复这一过程以获得更好的决策。

这就是步骤 4 所说到的反馈的作用，数据认知素养学习倡议活动中所得到的反馈好比建模的时候充实进了新的数据，通过它，数据认知素养学习倡议活动的领导者就有可能发现一些需要加以改进的问题，以便反复修改数据认知素养学习方案。“迭代”一词的意思是“重新做或反复做的动作或过程，如一个过程，在这个过程中，一系列操作产生的结果越来越接近预期的结果”[2]。就数据认知素养学习方案来说，我们希望在数据与数量解析方面找到更完善的学习方法，这样组织才能更好地利用数据做出决策，并获得更高的投资回报。迭代在组织中扮演着非常重要的角色，它可以帮助组织找到成功的数据投资机会。

数据认知素养四个特征的学习

在这本书中，我们用一节的篇幅来介绍如何学习数据认知素养的四个特征，对此我希望大家不要感到惊讶。我们来澄清一件事，就是数据认知素养学习是一个终身的过程。我们不可能用一本书来探讨这个问题。所有我们能做的事情，就是学习如何阅读数据、用数据开展工作、分析数据和数据沟通。因此，在这一节里，我们想完成和实现的东西，就是告诉大家怎样才能更好地学习数据认知素养的四个特征。接下来，分别讨论数据认知素养四个特征的学习。

对数据认知素养特征 1 的学习：阅读数据的学习

谈到阅读数据，让我们来想一想小孩如何阅读一本书：是什么最能帮助我们的孩子学会阅读呢？在我的家庭中，我观察到了几个重要的事情：导师或老师，练习和深思熟虑的练习（这将是贯穿所有四个特征的一种常见方法），简单地说，就是坚持不懈地进行阅读练习（这不同于深思熟虑的练习）。

我们所说的导师或老师是什么意思呢？作为孩子的父母，他就知道如何阅读，并且正在给孩子讲心得。对我们来说，当学习阅读数据时，应该找到导师或老师，“闻道有先后，术业有专攻”。要请教那些知道或有经验的人，他们能够给我们提供帮助。学习并不一定意味着要靠我们亲自摸索，我们可以在网上找到合适的导师或老师。理想情况下，这个人得拥有一个具体的能力，能阅读数据本身，并具备经验和教学能力。

另外，就像学习阅读数据一样，我们需要找到各种各样的练习，并把深思熟虑的练习带入日常学习中。在过去的十年、二十年中，深思熟虑的练习变得越来越时髦。从本质上讲，深思熟虑的练习不仅仅是一次又一次地例行公事地练习同一件事，它还意味着找到关键的地方和技能去专注并练习，提高这些技能，然后更加努力地把这些技能变成我们自己的一部分。我们可以把阅读数据练习作为深思熟虑练习的一部分，但不要一次又一次地阅读数据，而是要去找出我们知识和技能的缺乏或不足之处，然后不断加以实践。

最后，你可以再三地阅读一些数据，但这都是例行阅读练习。找些仪表盘、数据可视化、书籍等，它们将帮助我们学习阅读数据。然后，练习和阅读。当我们这么做的时候，你会发现自己阅读数据的能力越来越强了。

对数据认知素养特征 2 的学习：用数据开展工作的学习

做法一样，我们将在如何学习数据的四个特征中看到一个共同的主题：找到导师或老师，找机会练习并进行深思熟虑的练习。最后，练习、练习还是练习。

一想到数据，你所关心的要点之一是，在用数据开展工作时你所起的实际作用是什么。你是数据分析师，还是数据科学家，抑或身为领导角色、决策制订者？在数据与数量解析活动中，这些角色都有着不可替代的作用，与此同时，数据认知素养的学习对这些角色的要求也是不一样的。因此，你在学习怎样用数据开展工作的时候，首先需要明确自己的角色是什么。

如果你正在物色一位数据认知素养学习的导师，那你首先需要搞清楚自己在组织中的职责，然后去寻找那些拥有相应技能的人作为你的导师。如果你正在寻求练习和深思熟虑的练习，那你就要保证这些练习和你的职责是相配的。我们寻找练习的机会很多，如商业智能 BI 和数量解析公司，像 Tableau、Qlik、YouTube、LinkedIn[①] 等。想方

① LinkedIn：中文常称为“领英”，面向职场的一站式社交服务平台。——译者注

设法找到各种各样的渠道，学习如何用数据开展工作，然后就是练习、练习再练习。

对数据认知素养特征 3 的学习：分析数据的学习

就数据认知素养来说，分析数据是数据认知素养的四个特征之一，也是人们比较感兴趣的议题。一提起分析数据的技能，人们想到的可能是：是不是通过统计学来分析处理数据？设身处地想一想，说到分析数据时你是怎么问这个问题的？是不是会问到数据仪表盘、数据可视化和建模？一言以蔽之，就像用数据开展工作一样，我们需要搞清楚自己在组织中的职责是什么。在分析数据的时候，如果不会用太多的统计学知识，那就没必要特意去学习统计学。在我们了解了分析数据的有关注意事项之后，就可以研究事情了，但要确保我们的胃口不要太大。就像跑步一样，如果不调整自己的速度，我们就会在越过终点线之前耗尽自己的体力。

不管在什么样的场景下，与阅读数据和用数据开展工作一样，在学习数据认知素养的分析数据特征的时候，我们也需要物色合适的导师。找到正确的练习方法和开展深思熟虑的练习，然后就是反反复复不断地练习。就学习分析数据而言，要记得分析数据可能以许许多多的面孔出现，所以在学习分析数据之前，我们最好先搞清楚自己实际拥有的技能水平。除了要客观地评估个人的技能水平之外，还要进行多方探查，然后找到自己适合而又感兴趣的领域深入学习。这一点对数据认知素养的每个特征和所有的特征都是适用的，所以我们需要评估自己的技能水平，仔细研究学习的各个方面，然后一头扎进去。

对数据认知素养特征 4 的学习：数据沟通的学习

数据认知素养学习的第四个方面就是学习数据沟通。虽然学习数据沟通被放到最后来讲，但这并不是说它不重要，恰恰相反，学习数据沟通对做好数据处理和分析是很重要的。学好数据沟通的技能，能够帮助我们正确地发表见解和做出决策。正因为数据沟通如此重要，麦肯锡（McKinsey）① 预测美国到2026年对数量解析转换（也就是用数据沟通或沟通的是数据）的需求将达到 200 万 ~ 400 万美元[3]。有鉴于此，组织中开展数据沟通对数据与数量解析顺利实施，无疑有着重要的价值。数据沟通能够帮助缩小数据与数量解析与业务活动需求之间的隔阂，如果你正在学习数据认知素养的沟通技能，我的建议是，最好把学习数据沟通当成一回事，万万不可敷衍了事。

像学习数据认知素养其他特征一样，在学习数据沟通技能的时候，物色一位导师也是必需的，练习和深思熟虑的练习也必不可少，然后还要能全面地、不断地练习。如果你想提高自己的能力，就要经常和别人谈论数据和数据解析，阅读和学习数据与数量解析的术语，然后尝试和其他人开展交流。总的来说，数据沟通是必备的技能，值得我们每个人关注。这里再指出一点，数据沟通的能力意味着理解和倾听数据的能力。

对数据认知素养的四个特征，我们在学习它们的过程中，会发现我们的技能差距在哪里。试想一下，你是否对数据认知素养的每个特征都感到很自信？如果不是这样，那你可能就需要继续学习。

---

① 麦肯锡（McKinsey）：全球知名的管理咨询公司。——译者注

数据思维文化的学习

对于数据认知素养及其学习，有一个很大的障碍需要组织致力解决，那就是组织的文化有没有准备到位。数据与数量解析能否顺利达到预期目的，其最大障碍便是组织文化，我们有足够的理由，希望组织处理好组织文化的建设问题。组织怎样才能确保数据认知素养的学习是周全又成功的呢？有哪些关键的因素需要组织吸纳，以保障数据认知素养学习的成功？采用什么样的数据与数量解析以及整体数据分析策略（包括数据和工具）呢？接下来，我们将探究组织可以采取和实施的步骤，以促进数据认知素养的学习。其中一些内容已经在这本书前面的一些章节中提到过，但是现在我们从组织文化的角度来进行考察。

数据民主化

所谓数据民主化，就是向大众开放数据。因此，我们要把数据在整个组织中实施开放，把数据资料交到广大员工的手上。为了保障数据与数量解析的成功，公开数据不失为一条明智又有效的途径。把数据向大众开放，能使信息得到更多的关注，也能从数据中产生更多的创造性想法。真正的、有效的数据民主化，能够保障我们在正确的道路上，参与到数据认知素养的学习活动中。

透明性

从数据认知素养的角度看，透明性意味着什么呢？所谓透明性，是指在我们使用数据做我们想做的事情的时候，一切都是显而易见的、公开的。给人们民主化的权利，就是允许我们访问合适的数据集等。不过，透明性并不意味着人人免费，也不意味着数据的完全开放，它仅意味着在合适的接入点提供适当的访问，并为员工制订一个强有力的、开放式的沟通计划。不要对你正在处理的数据保持沉默，要让人们知道，让人们在这样一种方式下表达他们的想法和意见。

学习性

这一章主要讲的是数据认知素养的学习，在这里再提学习，希望大家不要感到惊诧。任何一个组织，都需要建立自己的学习策略。我们在这一章所讨论的，就是在这方面为大家提供帮助的。须知，组织的学习文化有利于数据认知素养特征的学习。

导师制

在数据认知素养的学习活动中，推行导师制是可取的。一提到导师制，我们也许就会联想到组织中采用的传统意义上的师傅带徒弟的做法。在数据与数量解析领域，我们可以采用这样的做法来指导和传授知识与经验。你是否擅长创建可行且有效果的数据可视化？如果是的话，你就可以在这一方面当他人的导师。你是否擅长从数据中提出一些深刻的问题？假如是的话，建议把你的这一特长拿出来与他人分享，教会他人怎么发现问题。

不过，有一点需要明白。当涉及数据认知素养学习的组织文化时，导师制不仅意味着师傅带徒弟那样地手把手指教，还意味着在公司更大范围内的指导。除此之外，联系到数据认知素养学习活动的组织文化氛围时，导师制采用的方式也比较灵活。例如，举行一个30分钟时间的午餐学习交流会，大家一边吃饭一边聆听说教。导师制式的学习也可以在虚拟环境开展，这时大家可以坐下来吃着零食，安静地听导师讲解。在导师制的实行过程中，如何创建导师制和指教他人的组织文化值得我们关注。做得好的话，数据认知技能就会在整个组织中得到传播。

数据流畅性

关于数据流畅性，前面我们已经讲得很详细了。这里，我们针对数据驱动和数据认知素养的组织文化，从这一角度简明扼要地讲讲它。如果一个组织的文化有利于数据与数量解析的推进，那么它的数据认知素养策略就能得到蓬勃发展，数据流畅性也可能成为数据与数量解析成功的菜谱上的精彩一分子。如果组织的整体文化是用数据语言说话，那么组织内部就会是用数据语言说话，通过它，组织可能就会茁壮成长起来。

关注某个数据点，开展数据分析，依据数据形成深刻认识，这是用数据开展工作比较典型的做法。当组织拥有贯穿其中的见解时，那些用数据点和见解开展工作的人，就能与组织中其他不同的团队进行分享。那么，不管组织技能如何、数据流畅性的满意度如何，以及是否采用数据语言说话，获得的见解都会在决策中得到执行，人们也就无怨无悔地适应发生的事情了。

领导层支持

在你所在的公司或自己的职业生涯中，你有没有遇到试图做某事但没有得到你的领导支持的情况呢？如果你遇到过，那感觉怎样呢？在推动数据认知素养学习的组织文化建设时，我们都希望能获得领导层的认可。也就是说，如果你是独自进行数据认知素养学习活动，那倒无所谓，要是你想在组织中推动数据认知素养学习，那么你最好能争取到领导的支持。

总结起来，在数据与数量解析中获得成功，组织文化是最大的路障。用学习和技能培训方式给每个人赋能，数据认知素养就能自然地促进组织文化的繁荣。

数据认知素养学习的其他重要领域

在组织中还有几个方面，它们也是数据认知素养“伞状”体系的组成部分，需要我们开展正确的学习方法。下面着重讲讲在数据伦理、数据科学和数据质量方面的数据认知素养学习。

数据伦理

数据伦理是这样的一个重要议题，就是我们怎么才能正确地使用数据。在数据认知素养的学习活动中，围绕着这个主题也有学习的必要性。组织有责任让员工知道如何正确地使用数据。实事求是地讲，数据使用得正确与否，直到2010年才受到全社会的关注。

规范数据的道德使用，需要利用法律和规章制度来约束。随着时间的推移，越来越多的关于人工智能和机器学习的规章制度、想法、意识，也可能包括法律，先后得到通过。组织要想顺利实现数据与数量解析的预期目的，就一定要使员工完整地明白数据伦理，并加强员工在数据伦理方面的学习。

数据科学

在这里再讲数据科学似乎不受待见，因为并不是每个人都需要成为数据科学家。大多数人学习数据认知素养，仅仅是希望扩大一点数据认知素养方面的知识和技能。对此，有两个渠道可以创造数据认知素养学习的机会：①数据科学究竟是什么东西（我的意思是，数据科学是不是很神秘）；②数据科学家和组织如何做到合拍。我们希望组织了解数据科学是什么，或许更重要的是了解数据科学不是什么。通过帮助组织学习这些东西，组织就能对数据科学家的工作成效有个现实的预期。另外，我们希望数据科学家学习更多的商业知识以及与他们角色相称的知识。通过让这种学习在数据科学中进行，可以为数据与数量解析的成功创造力量。

数据质量

在数据认知素养学习一章中谈数据质量，就是要确保把数据质量学习纳入数据认知素养的学习策略中。如果那些使用数据和用数据开展工作的人不了解数据质量的目的和需要，那么我们就没有共同语言了。试想一下，如果模型中的数据没有质量，即使能得到所谓的见解又有什么用处呢？

这些只是组织需要确保有教育计划和策略的其他领域中的一小部分。大多数时候，个人和组织会专注于“大项目”，并确保在这些领域有所收获，但他们跳过了其他一些“未知”领域。为了确保你不会错过这些领域，定期与你自己和你工作的组织进行检查。如果你有差距，就找出差距，评估缺失的东西，制订学习计划，保持透明，然后执行。

本章小结

对数据认知素养来说，学习是必不可少的。由于不是每个人都会去学校学习，以提升数据与数量解析的知识，所以虽然我们希望并推动更多 STEM 或 STEAM 教育，但我们需要组织能够实施一个健全的、强有力的学习策略，让每个人都能获得成功。如果是个人，则可以自主地设定自己的目标和愿望，然后实施自己的学习计划。

在本章中，我们讨论了在数据认知素养广阔世界中学习的关键领域。这些学习的关键领域中的每一个对你所在的组织都很重要。我们希望组织的领导层推动数据认知素养学习策略的实施，确保组织实施的数据与数量解析策略包括数据认知素养的学习，遵循良好的学习框架和方法，确保数据认知素养学习策略聚焦于数据认知素养的四个特征。努力让你的组织文化在数据认知素养方面取得成功，最后审察学习中的差距在哪里，并用一个强有力的计划努力去做。

对于个人和组织来说，数据认知素养学习可能是有趣的、有见地的和赋能的。找到你的不足，然后动手弥补。我们所生活的世界需要一个更具数据思维的社会，不仅是为了我们的职业，也是为了我们的生活。

参考文献

1. Qlik (undated) Data-Informed Decision-making Framework. Available from: https://learning.qlik.com/course/view.php?id=1021 (archived at https://perma.cc/4VPF-FQQG).

2. Merriam-Webster Dictionary (undated) Definition of Iteration. Available from: https://www.merriam-webster.com/dictionary/iteration (archived at https:// perma.cc/M3YT-ZJ7P).

3. Henke, N, Levin, J, McInerney, P (2018) Analytics Translator: The New Must-Have Role, McKinsey, 1 February. Available from: https://www.mckinsey. com/business-functions/mckinsey-analytics/our-insights/analytics-translator# (archived at https://perma.cc/K5V7-L9V2.

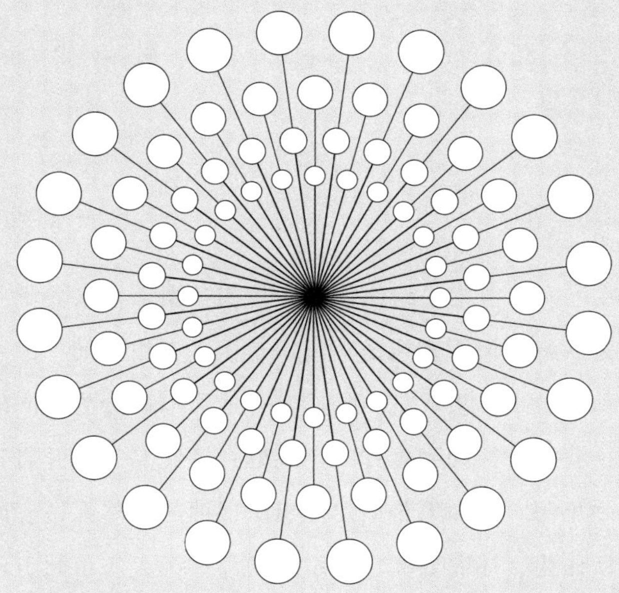

08

数据认知素养的3个C

我们在上一章考察了组织实施和落实数据认知素养学习的办法等，但这是从组织层面来说的。组织是由个人组成的，但不只是所有个人的简单叠加，组成组织的所有个人可以区分为不同的个性和技能集合。我经常被问到这样一个问题："我要怎么开启我的数据认知素养之旅呢？"如果希望建立组织层面的策略并诚心诚意地希望它能有所作为，还需要关注组织中的那些个人。由此引出了一个新的问题：个人应该学习统计学吗？

抢答的结果当然是否定的，你没有被要求成为一名数据科学家或统计学家，对此，我们是知道的，我已经讲过不止一次了。我们的确有必要进行正确的数据认知素养学习，以使每个参与数据认知素养之旅的人都能有效地加入进来，并开启自己的数据认知素养之旅。在进入具体的数据认知素养学习之前，有几件个人需要做的事情，就是我们将探讨的数据认知素养的3C。

数据认知素养的3C，分别指的是好奇心（Curiosity，C）、创造性（Creativity，C）、批判性思维（Critical Thinking，C）。为了帮助大家认识数据认知素养的3C，我们将在两个支柱脉络中考察它们。这两个支柱脉络是：其一，数据认知素养特征（包括阅读数据、用数据开展工作、分析数据、数据沟通）；其二，数量解析（数量解析的四个层次）。通过深入这些领域中，我们将有机会了解：① 3C是如何在数据与数量解析工作中实施的；②他们是如何在自己的职业和生活中实现这一点的。对那些希望在自己职业生涯中提升数据认知素养的人来说，数据认知素养也能在他们的个人生活中开展。这时，数据认知素养的3C就可能变成了他们日常生活的一部分。

数据认知素养的第一个C：好奇心

数据认知素养的第一个C就是好奇心（Curiosity）。我喜欢这样说，“好奇心害死了猫，但是好奇心促进了数据认知素养”。一提到好奇心，我们会想到什么？就我而言，作为一位父亲，我首先想到了孩子。小孩为什么那么可爱？就在于他们无处不在无时不有的好奇心。小孩对每件事，总是会问这问那。这是为什么呢？原因在于他们想搞清楚事情的来龙去脉。当童年不再的时候，我们便出了毛病，那就是我们失去了好奇心。进入成年后，我们习惯于日复一日地接收着外部世界呈送给我们的数据和信息，却何曾有过好奇？不仅如此，通常也不会产生那么多疑问了。我们总是看着、取着，然后把数据和信息传递给下一个部门了事。因此，我们需要越来越多地激发好奇心，需要设置更多的问题。在数据与数量解析领域里，通过不断提出问题，可以帮助我们打开许多扇大门。所谓好奇心，是指“想去了解更多事情的冲动”[1]。好奇心的这个解释，只是给我们一些普通的说明。接下来，还需要考察在数据认知素养中，是怎么看待好奇心的。

数据认知素养有四个特征，其中第一个特征是阅读数据。阅读数据和好奇心的关系可能既像哥哥又像妹妹。阅读数据和信息，意味着考察数据和信息，并理解、认识数据和信息中存在什么东西，由此便会触发我们的好奇心。然后，带着这样的好奇心再去阅读数据，有可能会激发我们新的疑问，从而促使我们从数据和信息中学习到更多的东西。阅读得越多，问题也会越多，问题越多，又要进行新的阅读，不断地循环往复。

阅读数据是能促使我们学习更多内容的一个比较好的事例，就是自信于自己数据认知素养能力的执行领导。当某个人呈送给他们结果或 KPI 数据仪表盘时，该执行领导能够进行阅读，然后他们的好奇心便可能产生了，他们将会要求这个人去收集更多的数据。诸如此类的做法，可能并不仅仅在高管层面发生，也会出现在组织中的各个层面。

在阅读数据的过程中，我们不知不觉也许就进入了好奇心和用数据开展工作的状态。个人在阅读信息和理解它的时候，可以用数据开展工作，试图探寻更多的信息和认识结果。然后，当他们读取信息时，可以用更多的数据开展工作，并且周而复始地循环这一过程。例如，在创建数据可视化时，就会出现用数据开展工作和好奇心。当一个人创建一个强大的、由洞察驱动的数据与数量解析仪表盘的时候，根据所使用的软件（像 Qlik 或 Tableau），他将会使用不同的过滤、下拉列表和选项卡，进一步用更多的数据开展工作。在好奇心的驱使下，也许会看看仪表盘，思考着仪表盘是否含有更多东西。现在来看看图 8-1。

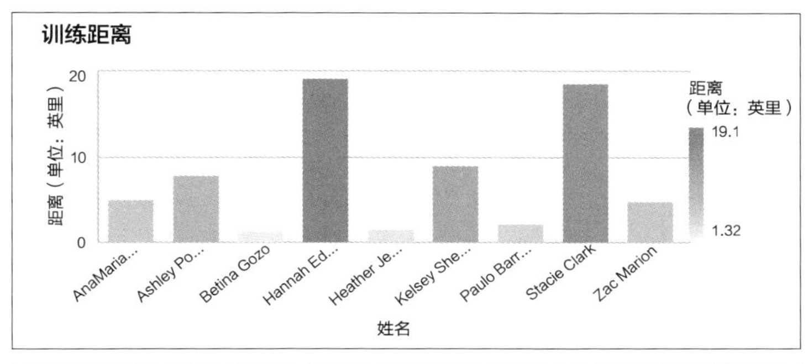

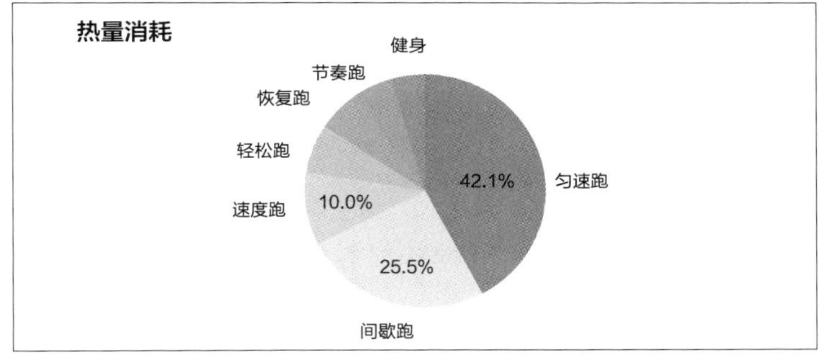

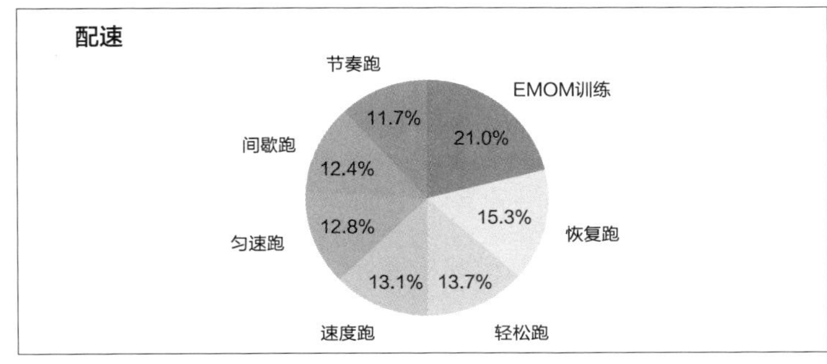

图 8-1 Leadville 培训计划

图 8-1 是我为准备参加一场跑步比赛而进行训练的仪表盘，该场比赛是里德维尔（Leadville）100 英里的超级马拉松。在好奇心的驱使下，我们可能会问，为何一些距离的条形永远比其他条形高？颜色的深浅对不同的训练者意味着什么？关注训练者还是关注训练更有效果？诸如此类的问题，可能会一个接一个被提出。带着好奇心，我们可能会对整体可视化图像进行分解、过滤，以便获取问题的答案，或者至少在寻求问题答案的过程中，有可能会列出其他的问题。

由此，名正言顺地进入数据认知素养的第三个特征，也就是分析数据的活动。

图 8-2 显示的是房地产价格和佣金的有关情况。

假如你是一位房地产经纪人，你正在确定房价、佣金等走势。在这种情况下，可能会产生一些问题。例如，在橙色 / 红色颜色较深的日子里，是什么推动了平均价格的上涨？我们还可以看看每天的平均佣金和费率，它们是保持不变的还是在不断波动。有了这些信息，我们就会带着好奇心开展数据分析。好奇心会激发我们分析信息的强烈欲望，在这一过程中，有可能还会提出更多的问题，得到更多的回答，以便做出正确的决定。

我们知道数据认知素养的最后一个特征，就是数据沟通。在前面的基础上，我们理所当然地进入了数据沟通。数据沟通，是数据认知素养的基本组成部分。在我们希望开展有效的数据沟通的时候，带着好奇心去做这件事可以说是有百利而无一害的。你可能会问自己：好奇心究竟是怎样提供帮助的？好的，在开展数据沟通的时候，它可以帮助我们问一些问题。例如，如果用这种方式进行沟通，人

0.03
0.02
6m
9月
2019
10月
11月
日期
图例
卖方代理的平均佣金
买方代理的平均佣金
10/7/2019
10/2/2019
10/25/2019
10/21/2019
12/3/2019
10/16/2019
10/11/2019
11/5/2019
10/1/2019
9/27/2019
11/19/2019
10/21/2019
10/17/2019
11/8/2019
11/13/2019
11/25/2019
9/30/2019
11/18/2019
11/7/2019
10/22/2019
11/4/2019
10/9/2019
10/3/2019
11/20/2019
11/12/2019
平均房屋售价
1M
500k
0
平均销售价格
平均售价
（单位：美元）
679.63K
236.35K
9/26/2019
9/27/2019
9/30/2019
10/1/2019
10/2/2019
10/3/2019
10/4/2019
10/7/2019
10/8/2019
10/9/2019
10/11/2019
10/14/2019
10/15/2019
10/16/2019
10/17/2019
10/18/2019
10/21/2019
10/22/2019
10/25/2019
10/29/2019
10/30/2019
10/31/2019
11/1/2019
11/4/2019
11/5/2019
11/6/2019
11/7/2019
11/8/2019
11/11/2019
11/12/2019
11/13/2019
11/18/2019
11/19/2019
11/20/2019
11/21/2019
11/22/2019
11/25/2019
11/26/2019
11/27/2019
12/3/2019
日期

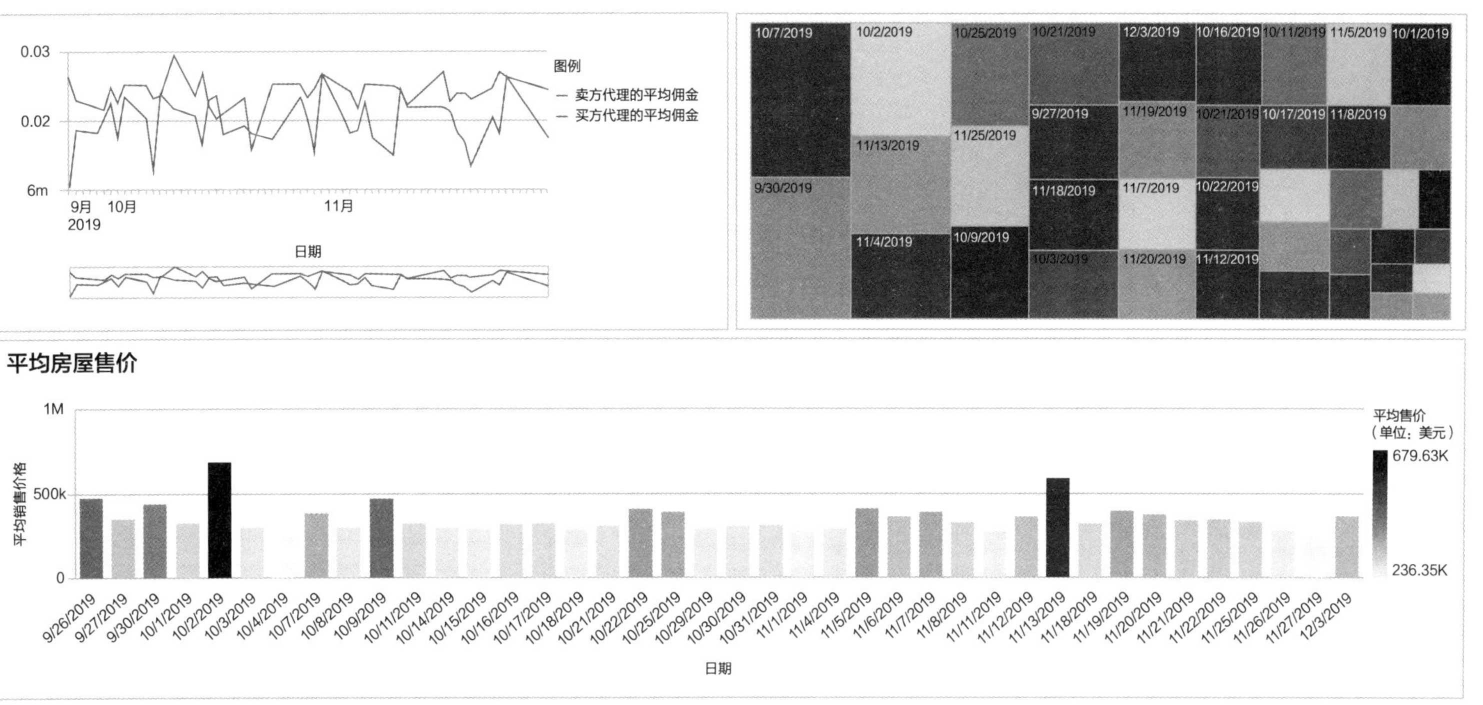

图 8-2　不动产问题

们能有效地接收信息吗？我要向什么样的人展示信息？我要多久进行一次数据沟通？我应该使用什么类型的统计资料？诸如此类的问题还有很多。

总之，数据认知素养的四个特征都与数据认知素养的第一个C（好奇心）有关。除此之外，还能看到数量解析的四个层次也与好奇心有着千丝万缕的关系。

现在讲解数据认知素养的第一个C（好奇心），与数量解析四个层次的关系，应该不会遇到太大的麻烦。回顾一下，数量解析四个层次分别是描述性数量解析、诊断性数量解析、预测性数量解析、指导性数量解析。一个人的好奇心应该有助于形成、转变和阐述数量解析的四个层次。

对数量解析的四个层次和可视化图像中的数据认知素养，好奇心是一种非常好的工具。

对数量解析的四个层次尤其是描述性数量解析来说，我们需要注意，数据可视化的作用表现在两个方面，即出于好奇与激发好奇心帮助解决问题。本书不会专注于数据可视化本身，如果你想学习数据可视化专业方面的知识，还有很多书可供阅读。这里说到的数据可视化是侧重于数据认知素养学习的需要。不过，在这种情况下，包括在其他许多情况下，数据可视化是强大且有用的数据驱动决策的一个惊人的起点，因此我们不能低估这个强大的工具及其在数据与数量解析中的重要地位。

对描述性数量解析和诊断性数量解析进行深究，预测性数量解析可以说是一个重要的方法。

指导性数量解析本质上是借助数据和技术来告诉我们应该做什么。在这种情境下，好奇心应该表现在这些地方，它让我们问出这样的一些问题，比如技术告诉了我们什么、预测性和指导性数量解析向我们展示了什么，更不用提到挑战建模所做的假设。

当我们好奇地问一个又一个问题的时候，注意不要陷入一个好奇的陷阱，也就是我们认为把相关关系当成了因果关系。在我们的职业生涯和生活中，我们都会查看数量解析结果和数据中的有趣关系。有时候，在我们怀着好奇心考察数据信息的时候，或许会看到好像这件事情引起了另一件事情。伪相关是一个需要学习了解的术语，它是感知到的两个事物之间的关系，其中一个事物被认为是它引起了另一个事物。世上有很多这样的事例，我们来联系数据和商业问题，举个简单的例子。

假设你自己是像百事可乐、可口可乐那样的一家大型苏打汽水公司的营销主管，你将要在今年 4 月份发动一场震撼人心的广告促销活动，期望能找到真正的金矿。在你发起这场促销活动的同时，也开启了你的好奇心之旅，这时你会问自己：这场促销活动是否有助于推动收入和销售的增加。首先也是首要的，这个问题本身问得是非常好的，不过我们必须小心对待。带着你的好奇心，你构建了数据可视化以查看结果。通过查看结果，你可能会看到收入的趋势线从 5 月份开始直至 8 月份都是在上升的。因为你是 4 月底发动营销攻势的，查看数据集看到了效果，你的好奇心获得了回报：找到了！你已经粘住金子了！不过这儿有一个问题：我们假定营销活动是收入增加的原因。这说明我们已经做了一个假设，但是让我们的好奇心停下了，因为也许，只是也许，我们的个人偏见起了作用，我们看到了我们想看到的。如果这根本不是促销活动带来的，而是在欧洲和美国这个大市场恰好又值夏季呢？也许正是因为恰值夏季，天气比较炎热，人们需要他们喜欢的苏打水来提神。我们需要保持我们的好奇心，但要通过不同数量解析层次来驱使它。只有这样做，才能确保我们的好奇心不会那么快就消失，避免依据错误和不正确的信息，导致糟糕的预测。

数据认知素养的第二个 C：创造性

在数据与数量解析领域中，我比较喜欢的数据认知素养的一个 C，就是创造性（Creativity）。我觉得世界上最强大的计算机也比不上人脑，不过这样说，不是指计算速度或功能，而是指人类思维的整体功能。人的思维能为我们所承担和期望完成的事情带来创造力和力量。人类思维最美丽的一面，就是没有两个思维是完全相同的。我的思维方式不同于你的思维方式，而你的思维方式也不同于本书每个其他读者的思维方式。正是这种功能，使得我们能真正把人的创造性元素融入数据与数量解析中。“人”才是数据认知素养的本质。我很喜欢这样的一句话，据说是阿尔伯特·爱因斯坦（Albert Einstein）说的，但没经过证实，这句话是：“我们每个人都是天才，如果你非要用爬树来评判一条鱼，那会让它一辈子都觉得自己是愚蠢至极的。”[2]

这句话是不是爱因斯坦说的，尽管我希望是的，但对我们的谈论无关紧要。重要的是前提：不是每个人都一样，每个人都有属于自己的天赋。如果我们试图强求每个人都以完全一样的方式行事，这其实是一种冒险行为，注定是要失败的。对数据认知素养来说，我们应该明白数据认知素养对每个人而言不是一站式商店。我们不能用完全一样的方式教育每个人，如果我们非要用完全一样的方式培训每个人，那么我们就是在灭杀天才。在数据与数量解析领域，我们需要把每个人身体内存在的创造性禀赋释放出来，同时我们结合企业方法调动整个企业范围内的数据认知素养的主动性。如果能正确地释放出这种创造性，不仅能释放出每个人好奇心的能力，与此同时还能释放出他们的创造性技能。下面介绍在数据认知素养的每个特征中，创造性起着什么样的作用。

创造性究竟意味着什么？为了能把创造性与数据认知素养的四个特征联系起来，必须要明确创造性是怎么界定的。“字典在线”（Dictionary.com）是这样定义创造性的：“跨越传统的想法、规则、模式、关系等能力，能创建出有意义的新想法、新形式、新方法、新解释等，具有原创性、进步性和想象力。”[3]“字典在线”给出的创造性的这个解释很全面，它涉及数据认知素养的每个方面和每个部分，我们依据“字典在线”给出的创造性定义，可以很好地讨论创造性与数据认知素养的关系。我对“字典在线”给出的所有关于创造性的定义都特别认可，首先，我们需要来看看创造性更深层次的能力。一提到数据与数量解析，很多人不理解这种深层次的逻辑。但如今，我们每个人在讲故事的时候都习惯于把个人的创造性融入进去，以便用新的主张和想法升华想表达的思想。其次，来看看创造性中的“有意义的新方法”及其对数据与数量解析的影响。我们通过新的视角，一定能够找到开展数据分析的新方法。

就像前面做过的那样，按照数据认知素养的四个特征，分别考察数据认知素养的第二个C在其中所起的作用。数据认知素养的第一个特征就是阅读数据。在阅读数据的时候，创造性绝对可以发挥主导作用。我们来看一幅画（见图8–3）。

资料来源：Puck, v78, no.2018 (1915.11.6.), p11。

图8–3 我的妻子和岳母

从图8–3中，你看到了什么？是一位面带微笑的年老女士还是一位年轻女士的侧面像？这是一幅很奇妙的画像，因为它可能两个都是，或者你会像我一样，在这两幅图像之间切换，这就是我们看数据时的创造性。

数字1 204 513就是数字1 204 513，但如果我们通过图像或可视化的方式来观察数据的表示，会怎样呢？这是每个人都有的能力，我们有能力使用我们的创造力，从一张图中看到不同的故事。俗话说，一张图顶得上一千句话，联系到我们的情境，一个数据的可视化图像，可以用不同方式表达。但无论我们看到的女士是年老的还是年轻的，我们其实都是在对数据进行创造性的处理。所以不要因为缺乏创造力或分析能力而让事情陷入停滞，要充分利用你的创造力，用你自己的方式阅读数据，因为只有这样，也许你的方法才会挖掘出数据中真正有用的东西。

数据认知素养的第二个特征是用数据开展工作，现在来谈谈创造性与用数据开展工作的关系。我们可能都有在Excel中创建表格的能力，但怎么才能做到有创意呢？在用数据开展工作的时候，利用Tableau或Qlik的强大功能创建一个漂亮的可视化，效果会怎么样呢？不仅如此，如果采取一个漂亮的数据可视化，利用我们的创造力，并说："我想知道，如果建立这种数据可视化，图表中的数据是否会显示出什么不同？"我们大脑的创造力是无穷的，因为我们都是独一无二的。在用数据开展工作的时候，我们不应该继续沿用过去的老旧图表。用我职业生涯中的一段个人经历来举例，也许可以帮助我们对如何用数据开展工作进行更好的了解。

在以前的职位上，我负责对客户投资某种类型的贷款的准备金进行分析。当我开始这份工作时，我拿到了一份乱七八糟的PowerPoint报告。这份报告中有75～80张幻灯片，每张幻灯片主要由一张图表组成，你没看错，在这份报告中，一张图表就是一张幻灯片，一共有75～80张幻灯片且无所谓好坏，每个图表都是用Excel构建的，所以我必须每周更新文件从而确保每张图表都能够正常运行，并把它们链接到位。如果我不小心断开了数据的链接，那么PowerPoint幻灯片将不会更新，我将不得不再次链接幻灯片中的每个图表，这不是一个有趣的过程，尤其是因为这份报告是发给高管和领导层的，所以确保报告清晰和准确本身就很重要。

当拥有并更新这份报告时，我想到了一种具有创意性的新方法，我没有把所有的图表都放在Excel中，而是建立了6个预测图表模型。没错，只有6个！此时不仅只有6张图表，而且预订的观众能够在手机上看到它们，虽然没有使用Power Point但效率却很高，此刻表现出的就是我的创造力。

数据认知素养的第三个特征是分析数据，现在我们来讲一讲创造性与分析数据之间的关系。在我们分析数据的时候，最重要的就是能提出好的问题，但如果问的都是同样的问题，这样分析出来的数据是非常糟糕的。随着我们的数据认知素养技能的不断提升，我们可以在数据与数量解析领域培养顶尖技能，同时在分析数据的时候引入个人观点和创造力的能力会变得越来越强大。在这个世界上，将自己的创造力代入数据分析中的一个重要举措就是来自STEM的教育。

我们已经知道，STEM教育专注于对科学、技术、工程和数学人才的培养。长期以来，我一直大声疾呼，除了STEM，还需要在其中加入一个字母“A”，终于，我的这种奔走相告在2019年年末和2020年年初见到成效，让我感到无比欣慰。现在，STEAM教育已经被接受，STEAM就是科学、技术、工程、艺术和数学。在海量数据与数量解析中，艺术的出现已然不是什么新鲜事，但确实吸引了很多受众，因为艺术不仅增强了我们阅读数据、用数据开展工作和分析数据的能力，同时它在数据沟通方面也起着重要作用。

对数据与数量解析来说，数据沟通是十分必要且有用的。但当审视数据与数量解析时，它是无聊的、令人感到害怕和恐慌的，然而这已经不是什么秘密，因为并不是每个人都像我一样是个书呆子，因为热爱数据与数量解析而主动开展数据沟通和数据分析，这真的非常重要，因为当创造性和艺术性相结合时，能够把数据与数量解析的故事联系在一起，创意出情境，从而给受众带来渲染力量。在开发数据认知技能、努力提升用数据讲故事能力的时候，都离不开创造性，一旦有了这种创造力，其他许多人就可以参与并理解数据的关键方面和解决方案。想象一下，如果把更好的背景、理解和意图摆到桌面上，你在数据和分析方面的整个职业生涯会有多么强大？而这一切，完全可以通过创造力来实现。

既然已经扩展并认识了数据与数量解析的作用，接下来就需要将创造性与数量解析的四个层次有机地结合起来。数量解析的每一个层次都可以直接与创造性联系在一起，因为创造性让专业人员和组织都可以快速高效地找到数据与数量解析领域的融合点。

数量解析的第一个层次，当然是描述性数量解析。在描述性数量解析中，构建数据可视化非常容易，报告关键绩效指标和数据可能也比较简单。为什么组织会停滞在数量解析的第一个层次？这实际上是可能原因之一，因为建立描述性数量解析既快速又容易，不需要什么特别的创造性，很多人都擅长阅读描述上个月或上个季度发生的事情的数据信息，这可能不会激起人们去挖掘描述性分析背后的“原因”的兴趣，如果是这样的话，创造性可以帮助描述性数量解析做更多的事情。有了描述性分析，如数据可视化，以推动更多的洞察力和帮助人们找到事态背后的“为什么”，创造力起着赋能的作用。

带着这个为数量解析第一个层次——描述性数量解析赋能的创造力，使得组织能够进入数量解析第二个层次——诊断性数量解析。在描述性数量解析中具有更多的创造性，诊断性数量解析才能够真正地运行起来。当你磨炼自己的技能，可以对摆在面前的数据和信息提出更好的问题时，你可以选择不同的地图和路线来理解组织、生活中发生的一切的背后的“原因”，或者运用你的创造性技能去挖掘正在进行的数据分析的任何其他方面。去发现新的见解、答案和新的事物，这将加深你对世界的洞察。洞察的确是来自诊断性数量解析的魔药，有了创造力，便给了这副魔药额外的力量。

对预测性数量解析和指导性数量解析，创造性也能够发挥重要的作用。例如：①创造性在预测性数量解析构建中的应用；②创造性在指导性数量解析解释中的应用，在这两个层次的数量解析中，随着模型和数量解析的建立，对分析师和数据科学家来说可能是非常有创造性的事情，他们要研究模型是如何建立和部署的，这有助于确保我们不只是重复使用同一个模型，如果一次又一次都做着同样的事情，那么我们期望同样的结果也会反复出现，然而，当使用一个创造性的模型时，我们以前没有尝试过的模型，就有可能发现新的预测和结果，这也在解释模型与开展分析中起着作用。如果使用同样的技术去认识和分析模型，就不会经历那么多的创造性。在创造中，需要使用我们个人的能力和技能，用新的方式阅读结果，从新的角度开展考察，并获得更好的见解。

在结束对创造力的挖掘之前，再来回顾一下“字典在线”（Dictionary.com）中对创造力的解释：“跨越传统的想法、规则、模式、关系等的能力，能创建出有意义的新想法、新形式、新方法、新解释等，具有原创性、进步性和想象力。”[4] 重新阅读创造力的这个定义，对为什么在数据认知素养、数据及其数量解析中需要创造力，应该更显而易见了，因为我们需要把新视角、新的思维过程、新的认识注入数据与数量解析中。长期以来，数据与数量解析都是老一套，不管是使用 Excel 构建相同类型的数据可视化，还是反复使用自己喜欢的统计模型。是时候住手了！我们需要动手挖掘数据与数量解析工作的创造性，我们永远不会后悔给我们的工作带来更多的创造力。

数据认知素养的第三个 C：批判性思维

在数据与数量解析领域，数据认知素养的第三个 C，即批判性思维（Critical Thinking），也是极其重要的。无论是在数据与数量解析领域，还是我们的生活中，没有什么比当前的数据和数字革命更重要的，在批判性思维中实施更强大的技能和背景。在美国，从了解选举和政客们抛在我们面前的东西（不管是准确的还是一堆不那么令人愉快的东西），到了解认识流行病和展现的数据，乃至我们生活中的决策，批判性思维是绝对必需的。“字典在线”（Dictionary.com）对批判性思维给出的解释是：“清晰的、理性的、开明的、有证据的训练有素的思考。”[5]“字典在线”给出的这个定义似乎直接明了，不过相对于数据与数量解析领域来说还远远不够。

天体物理学家卡尔·萨根（Carl Sagan）在他的著作《魔鬼出没的世界》（*The Demon-Haunted World*）中引用了一大段文字：

> 我对我子孙时代的美国有一个预感：美国是一个服务和信息经济体；几乎所有的制造业都转移到了其他国家或地区；令人生畏的技术力量掌握在极少数人手中，而且那些代表着公众利益的人甚至没有一个抓住了这些问题；人民已经失去了制订自己议程的能力，失去了在知情情况下质疑当权者的能力；当我们一边手握水晶球一边神经质地查问我们的星座时，我们的批判功能在衰退，已经不能分辨什么是好的什么是真实的，几乎没有注意到，我们滑回到迷信和黑暗中……
>
> 美国媒体的低俗化最为明显地表现在影响力巨大的媒体中实质性内容的不断消失，曾一度下降到30秒的声音片段（现在降到10秒或更少），最低公分母的节目，关于伪科学和迷信的不负责任的推送，其实是一种对无知的庆祝[6]。

上面的这段文字，公开发表于1995年。我想说的是，我们就处在卡尔·萨根所描述的时代。我认为，在当今这个科技时代，社交媒体在快速更新，阻碍我们前进的一个关键因素就是缺乏批判性思维。批判性思维的缺失，在很大程度上粉碎了个人在数据认知素养方面获得成功的能力。接下来，将分别就数据认知素养的四个特征，讨论批判性思维问题。

阅读数据中的批判性思维

阅读数据是数据认知素养的第一个特征，因此我们首先来讨论一下阅读数据中的批判性思维问题。在阅读数据的时候，我们需要有很强的能力批判性地思考我们正在阅读的内容，是不是最新的体育动态、新闻简报、最新的公司备忘录，甚至仪表盘等。批判性思维，正如它在定义中所说的那样，是以一种训练有素的方式思考材料的能力，是一种开明的、讲证据的能力。当新的数据和信息被呈送给我们时，我们是不是要带着批判性态度来考察它呢？在COVID-19大流行期间看到新闻时，我们是仓促下结论还是理性而率直地进行思考呢？在美国政治界，这种思维是非常重要的。政客们，以及为他们做广告的公司，都在试图左右我们。我们是不是要用公正的态度来考虑问题呢？我们读到的东西是毫不隐晦的吗？在我们阅读数据的同时进行批判性思考，确实可以为良好、有力的分析奠定基础。如果不批判性地思考我们正在阅读的内容，那么就好比我们把数量解析这个房屋的地基筑建在沙滩上。

用数据开展工作中的批判性思维

带着批判性眼光阅读数据、用数据开展工作，对搞好分析可以说是有百利而无一害的。当我们构建数据可视化、用统计模型开展工作、查看仪表盘或 KPI 时，需要我们带着批判性眼光考察数据和信息，以判断是不是进行了周全而又可靠的分析。当带着批判性思维讨论和阅读数据的时候，需要确保我们在用数据开展工作时也是这样做的。当用数据开展工作时，要能确保数据做出的决策会按我们希望的方式进行。正如我们所讨论的那样，通过在阅读数据的同时开展批判性思维来建立正确的分析基础，现在可以在此基础上，通过批判性思维，用数据开展工作砌起数量解析这个家的围墙。

分析数据中的批判性思维

数据认知素养的第三个 C，即批判性思维，与数据认知素养的第三个特征分析数据相结合，非常像批判性思维与阅读数据的结合方式。在分析数据的时候，需要寻找我们想看到的答案，而不是应该可能看到的答案。批判性思维使得在某种方式下用数据开展工作，能够找出数据中的客观真相或信息。这一点确实与批判性思维定义中的“讲证据”有关联。在分析摆在我们面前的数据和信息时，需要能开展批判性思考。不再仅仅是考察我们喜欢的数据和信息，不再仅仅是寻找我们想看到的答案，而是实实在在地打开我们被改变的思维、改变我们先入为主的观念，以及转变整体思维模式。分析数据不仅对形成深刻见解和信息有着重要作用，对我们个人而言可能也是思想和生活方式的转变。拿建造房屋做类比，分析数据就是建造房屋的墙壁。

数据沟通中的批判性思维

批判性思维在数据认知素养的数据沟通中有着独特的表现和地位。在进行数据与数量解析沟通的时候，需要考虑两个问题：（1）分享信息的最好方式是什么？（2）我们的受众是哪些人？对待这些问题，批判性思维自有它的用武之地。批判性思维的应用，尽管有这样那样的难处，但它确实能够保证我们的沟通能得到实施，并且能够被有效接受。带着批判性思维开展数据沟通，好比是给数据分析搭建房顶。

数量解析的四个层次类似于数据认知素养的四个特征，描述性数量解析可以用批判性思维从两个不同方面来看待：其一，开发数据可视化或报表；其二，对它们的解释。当我们正在研制数据可视化、创建仪表盘或报表的时候，需要批判性思考已经创建的和正在创建的内容。一旦完成了这些可视化或仪表盘、报表，围绕着这些描述性数量解析，我们可能要问的问题是：这个构建出来的东西是正确的吗？获取的信息是足够有价值的吗？要是我表达这些东西，给受众带去更多的价值的话，还存在另外的办法吗？然后，在解释描述性数量解析得到的信息的时候，也需要提出类似的问题，目的是要保证我们给出的解释是周全的、有效的和有价值的。

数量解析的第二个层次，即诊断性数量解析，有点像数据认知素养的分析数据。在考察描述性数量解析所得到的数据和信息的时候，需要遵循“字典在线”给出的批判性思维的定义，那就是“清晰的、理性的、开明的、有证据的训练有素的思考”[7]。在寻找原因的时候，需要做到清晰、理性、开明（在这里也许更特别）和讲证据。通过开明的思维，希望不会被自己的偏见、他人的偏见、错误的想法等左右，这是真正有助于寻找数据和分析结果背后的“原因”的。

从批判性思维的角度来看，数量解析的第三个层次和第四个层次也很重要，就像数据可视化构建和解释一样，当处理数量解析第三个层次和第四个层次的分析时，在构建 / 建模层次和解释上，都在考察批判性思维。作为一个构建分析和模型的专业人员，需要对模型和分析进行批判性思考，以确保它是开明的并且是有证据的。当对这些层次的分析进行解释的时候，需要保持思想的开放性；当谈论内部和外部证据的时候，需要保证我们在所有层次上都进行了批判性思考。

本章小结

数据认知素养的 3C，即好奇心、创造性和批判性思维，是强化数据认知素养作用必不可少的。在我们的职业生涯和生活中，当我们作为个体努力实现这些目标时，可以朝着更明智、更完美的决策方向努力。此外，我们可以努力实现并成功完成我们的总体数据与数量解析工作。请记住，当学习数据认知素养的四个特征和学习数量解析四个层次时，3C 在每个数量解析层次中都扮演着重要的角色。

参考文献

1. Vocabulary.com (undated) Definition of Curiosity. Available from: https://www.vocabulary.com/dictionary/curiosity (archived at https://perma.cc/3ZVH-VFF8).

2. Quote Investigator (undated) Available from: https://quoteinvestigator.com/2013/04/06/fish-climb/ (archived at https://perma.cc/W7ZQ-P7JM).

3. Dictionary.com (undated) Definition of Creativity. Available from: https://www.dictionary.com/browse/creativity (archived at https://perma.cc/H3D4-JCVX).

4. Dictionary.com (undated) Definition of Creativity. Available from: https://www.dictionary.com/browse/creativity (archived at https://perma.cc/H3D4-JCVX).

5. Dictionary.com (undated) Definition of Critical Thinking. Available from: https://www.dictionary.com/browse/critical-thinking?s=t (archived at https:// perma.cc/V45R-6BLZ).

6. Goodreads.com (undated) Carl Sagan Quote. Available from: https://www.goodreads.com/quotes/632474-i-have-a-foreboding-of-an-america-in-mychildren-s (archived at https://perma.cc/4DKQ-PFS7).

7. Dictionary.com (undated) Definition of Critical Thinking. Available from: https://www.dictionary.com/browse/critical-thinking?s=t (archived at https:// perma.cc/V45R-6BLZ).

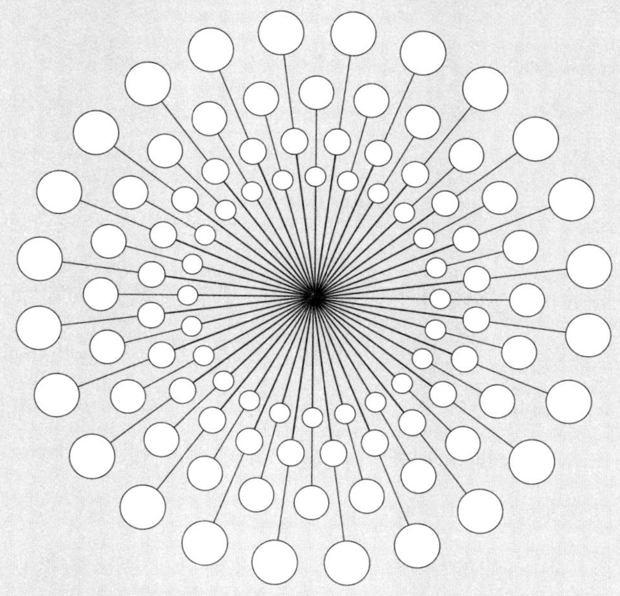

09
数据知情决策

在本书的前 8 章内容中，我们讨论了有关数据认知素养的“为什么”“是什么”“怎么做”等问题。现在，还有个大问题需要明确，那就是我们的目的是什么，我们的落脚点在哪儿，我们为什么花这么多时间来阐述数据认知素养问题。难道我们仅仅是想知道怎么创建美观的图表和数据可视化图像吗？答案只有一个字：“不”！假如我们不知道一味向前的话我们的落脚点在哪儿，那么数据认知素养可能就什么都不是了。因此学习数据认知素养的最终目的和落脚点，就是为了服务于决策，数据认知素养可以帮助产生真知灼见，进而帮助我们进行决策，如果我们只是利用数据认知素养获得某种深刻的认识，那么显然我们没有将数据认知素养变现。这就好比我们找到了寻宝图，但没有用这张寻宝图来寻找到埋藏的宝贝，或者也可以这样比方，我们在买彩票之前被告知了中奖号码，但我们却没掏钱买这张彩票。而数据认知素养的终极目标应该是帮助我们个人或组织做出明智的、数据知情的决策（Data Informed Decision-making）。那我们应该怎么实现这样的一个目的，顺利到达落脚点呢？这正是本章将要讨论的议题。

在数据与数量解析领域与框架中，决策很容易被忽略。当组织和个人对构成数据与数量解析领域的质量、数据和工具进行投资的时候，决策应该处于或接近赋能授权清单的首位。为了帮助大家更轻松地建立稳固的立足点和奠定坚实的基础，我们将带着大家一起看看由我的好友凯文·哈勒根（Kevin Hanegan）和同事 Qlik 提出的框架[1]。根据这个巧妙的框架，本章将介绍如何做出明智的数据知情决策。

鉴于本书的写作意图，这里提醒大家注意，我们使用的术语是“数据知情的”（Data Informed）而不是“数据驱动的”（Data Driven）。我是故意这样区分的，不过我承认，在当今世界绝大多数场景中使用的都是数据驱动。2010—2020 年，“数据驱动”的叫法确实甚嚣尘上，更是随着全球新冠肺炎疫情的扩散而人气大增。数据驱动对许多人来说意味着数据能做很多事情，但它的基本含义是数据被全面地用作个人或组织的资产管理。如果把它想象成一位马拉松运动员，所做的确保其跑完马拉松的计划和策略，就是数据驱动或数据知情，它意味着数据有助于做出明智的决策和推动企业向前发展。我使用“数据知情”而不使用“数据驱动”的理由是，“数据驱动”这个词可能会使人产生误解，认为数据真正驱动了一切，而“数据知情”则表明，数据可以用来帮助做出决策，但在这一过程中还需要结合其他事情，如人的因素。这里对“数据知情”和“数据驱动”所做的区分，不是无关紧要的，因为这可能会影响到它们作用的发挥。

为了帮助大家理解数据知情决策以及其与数据认知素养是如何结合的，本章我们将深入研究数据认知素养的有关技巧。我们首先介绍数据知情决策的框架及其步骤，然后从数据认知素养的四个特征、数量解析的四个层次、用数据说话、数据认知素养的3C等各种可能的角度出发，考察数据知情决策的架构。下面先来谈一谈数据知情决策框架及其步骤。

数据知情决策框架

本书介绍的数据知情决策框架包括6个步骤。请大家注意，目前对于数据知情决策框架的步骤说法不一。不过，要正确地部署和使用、健全这些框架，需要将书中介绍的这6个步骤需要以某种办法、形式或方式结合起来进行。凯文·哈勒根提出的数据知情决策框架的6个步骤分别是：提出问题、获取数据、分析数据、应用、宣布、评估。不过，在这里我会对凯文·哈勒根给出的步骤做些修改，并将之重命名为提出问题、获取数据、分析数据、整合分析、给出决策、开展迭代。之所以做这样的改变，是希望能使概念更加简洁易懂、目的性更强、理解起来更直接。至于本书提出的数据知情决策框架，可参见图9-1。

从图9-1中，你有没有注意到这是一个不断循环的过程？图9-1虽然只给出了数据知情决策的一个片段，但我们必须知道任何决策都不能保证它是最终的结果，数据知情决策是一个循环迭代的过程。图9-1所示为一个完美的、健全的数据知情决策框架，我们可以不断迭代它，不断地从前一次的决策过程中学习信息。对某次得到的决策结果，我们不能抱着“船到码头车到站”的想法，我们希望使用决策框架给出的流程和我们的数据认知素养不断改进我们的决策，直至获得更好的决策结果。统计与概率间有着千丝万缕的关系，有的时候概率并不是我们想要的，但这没有关系，因为我们可以从我们的决策过程中不断地学习。

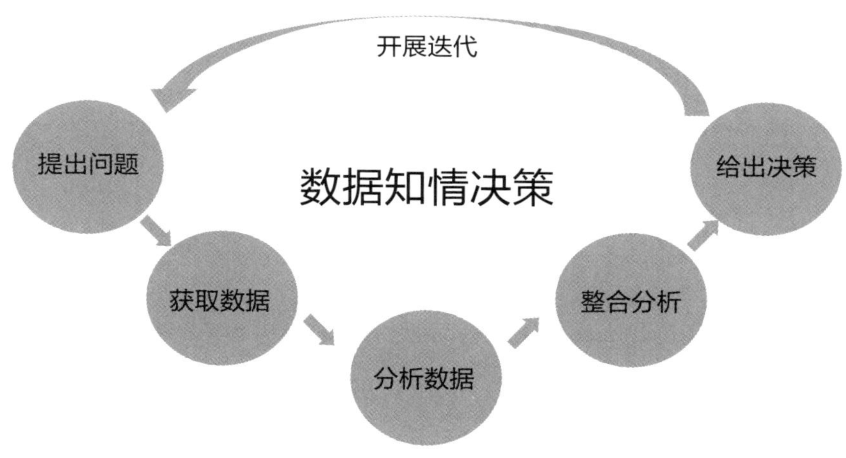

图 9-1　数据知情决策框架

为了帮助大家更多地了解数据知情决策框架，下面我们会从细致地了解每个步骤开始。现在，将从数据认知素养的不同视角开始学习，通过这些视角能增强我们数据知情决策的能力。在本章的最后，将把它们总串起来，给决策活动绘制一幅完整画面。

步骤 1：提出问题

数据知情决策过程的首要步骤就是提出问题，就是提出需要回答的问题。在用数据帮助我们进行决策的时候，要提出许多问题，也有许多关于问题的提法的内容需要我们了解。为帮助大家更好地理解，这里将根据数据认知素养的特征及数据认知素养的3C，来看看问题的提法。之后，我们将从数量解析的四个层次来谈一谈怎么提问。

问问题不是提出问题就算了事，还有很多其他的要求。在数据知情决策框架下提问题时，需要明智地看待问题的几个不同方面，需要有以数据为中心的思维倾向。例如，不能问那些模棱两可的问题，像最好的产品是什么、我们开展的促销活动中哪一场效果最好这类问题，以及在数据与数量解析中的那些含混不清、无助于我们做出明智和周全的决策的问题。所以，要想提出有效的问题，这些问题本身的提法必须清晰，不能模棱两可。

那么到底是什么妨碍了这些问题的解决？让我们来重新考虑前面提到的那几个问题，首先，我们所说的“最好的产品”是什么意思？是同样制造设计的所有产品，还是用苹果对苹果的方式比较出来的？如果不是，那结果数据显示的是什么？其次，就促销问题来说，我们是怎么界定 “有效”一词的？这是否会因利益相关者的观点不同而有所差别呢？总之，在数据知情决策框架中提出一个问题时，我们必须保证所提的问题是具体的、能够通过数据做出回答的。

数据认知素养特征与3C方面

首先是数据认知素养中的第一个C——好奇心。

当我们阅读数据时，无论是新闻标题，还是仪表盘中的信息、季度报表，抑或数据可视化，都应该能从它们之中提出问题。以下是随机选择的几则印刷品标题[2]，你能从中提出什么问题吗？

· 密西西比的扫盲运动有成效吗？（对此，我的意思是，我们都应该提些问题。）

· 县里出 25 万元做广告宣传基金不足。（是否有人看透了？）

· 美国航空公司带走不停做引体向上的乘客。（乘客在什么地方做引体向上的？）[3]

就这些标题，我们应该问一些问题，毕竟它们都是很有趣的。同样地，在我们的职业生涯中，在处理大量的工作和数据时，提问应该一直存在于我们的意识中。就那些标题来说，它们被摆在了我们面前，问题似乎很明显，可是有了数据，情况就并非总是如此了。阅读数据使我们深入挖掘信息，看看从许多不同渠道和源头呈现给我们的是什么。这是数据认知素养的第一个 C 应该掺和进来的地方。

数据认知素养的第一个 C，是我喜爱的用词，它指的是好奇心。好奇心真的作用巨大，就像本书前面所提到的，但凡涉及数据知情决策，好奇心总会贯穿提问这个数据知情决策的第一步。

在前面讨论数据认知素养时提到过一个术语——数据流畅性。把数据流畅性和好奇心结合起来，我们就能提出问题以确定发生了什么以及为什么会发生，并利用这些问题来推动我们完成数据知情决策框架的所有步骤。

数量解析的四个层次

拿数据知情决策过程的第一步提问题来说，它贯串数量解析的四个层次，这是不言自明的事。你若是不相信，我们就在这里加以阐明。

数量解析的第一个层次是描述性数量解析，不论对个人还是组织的数据知情决策来说，绝大多数情况下，描述性数量解析都是其起点。通过描述性数量解析将数据信息提炼出来记录在纸上，据此能看出数据中发生了什么、是什么时候发生的，从而就可以开始讲述数据中存在的故事。

一旦开始阅读描述性分析，我们的脑海里就会涌现出关于“为什么”会发生这种情况的强烈想法和疑问。对我来说，这是进行诊断分析最直接的窍门。我们需要不断地问这些问题，但要记住，这些问题必须具体而明确。如果所提的问题含混不清，可能就很难找到它存在的原因。

在预测性和指导性数量解析以及数据知情决策框架中，提问可能是数据素养的全部需要。对大多数人来说，我们不会做高级的、技术性的数据分析或统计分析。考虑到这一点，第一步将是通过提出预测性或指导性或分析性的问题来推动基于数据的决策。在这里，正如前面提到的数据素养和数据知情决策的不同角度一样，与数据的沟通（数据认知素养的第四个特征）和数据的流畅性是最重要的。如果那些不懂技术的人不能与那些懂技术的人进行交流，可能会在数据知情决策过程的第一步就一蹶不振。考虑到这一点，当我们提出一个问题时，第一步是至关重要的，因为只有通过它才能确保数据知情决策过程正常开展。

步骤 2：获取数据

按理说，获取数据并不是数据知情决策过程中“最性感”的一个步骤。然而，它却是很重要的，因为没有数据，如何才能真正推动数据知情决策呢?

首先，我们要弄清楚获取数据是什么意思。数据虽然都有用，但我们不想漫无目的地获取数据，因为如果是这样的话，会增加寻求解决问题的答案的难度。对数据知情决策过程来说，我们希望获取的数据，能够帮助我们具体地回答在第一步中所提出的问题。

假如我们问你：几周前和你比赛过且下一场比赛中还会遇到的那个对手，你和他的比赛打得怎么样。在上一场比赛中，几个回合你都被打败了。由此，我们不禁会问：比赛被打败表现在哪些方面？是什么导致了你被打败？这些问题中，就包含了描述性数量解析和诊断性数量解析的内容。比赛中你在哪些方面被打败了，这是描述性数量解析要做的事；被打败的原因是什么，这是诊断性数量解析要完成的工作。

既然我们提出了问题，那我们理所当然地就会想到，要考察数据，找到真实的数据，结合我们的数据认知素养，来回答和解决这些问题。在这种情况下，如果不具体、不明确，即使能找到数据，对解决问题可能也不会有什么作用。上次与这位竞争对手比赛是三周前的事，如果我们获取的数据虽然是这位竞争对手的比赛数据，但却是五年前的，五年中球队队员和教练都发生了变化，这又会怎么样呢？要是搞错了对手又会怎么样？由于我们在提问环节所提的问题非常具体，因而可以深入研究，找出具体是哪些数据更符合我们的目标。

在获取数据的过程中，数据认知素养的另外两个特征：用数据开展工作和数据沟通，也能起到帮助作用，至少它们在获取合适数据的时候能起到帮助作用。

用数据开展工作方面

对那些用数据开展工作的人来说，获取数据可能与他们的工作存在着因果关系。如果你的工作是获取数据，或者构建数据可视化，那么你可能直接在用数据开展工作，因为它们与你用数据开展工作息息相关。作为数据架构师，你可能担负着采集数据和构建数据模型的任务，在这种情况下，你也是直接用数据开展工作的。此外，当提出问题并为了回答问题有针对性地获取数据时，那么你就是在用数据开展工作。

数据沟通方面

除用数据开展工作外，数据认知素养定义所给出的第四个特征在涉及数据认知素养和获取数据时，可能格外重要。你是一个要求获取特定数据的人吗？你能要求获得正确的数据吗？对此，数据沟通和数据流畅性，作用大着呢。假如你想用数据来回答一个问题，如果你知道或认为你知道你想要和需要回答这个问题所需要的数据类型，那么你可以很好地将它传达给那些将为你提供数据的团队。为此，要兼顾你希望获得的能回答问题的数据的特殊性、你需要怎样的清晰度等。我发现数据问题和请求的模糊性，不仅是阻碍正确使用数据的一件令人感到沮丧的事情，而且是成功的数据知情决策的一大障碍。

数量解析的四个层次方面

在获取数据的过程中，数量解析的四个层次以类似的方式发挥着作用。如果我们开展描述性数量解析、诊断性数量解析、预测性数量解析和指导性数量解析，试图处理或回答我们提出的问题，获取正确的数据是必需的。很多时候，当构建这些类型的数量解析的时候，它们会与组织中的不同群体共享。当它们在整个组织中或以其他方式进行共享时，如果没有获取正确的数据，可能会给试图做出正确决策的组织带来灾难。也就是说，当以正确的方式进行时，将获得正确的数据，以构建强大的数据可视化、形成强大的诊断案例和预测性 / 指导性分析，从而帮助我们回答问题。

步骤 3：分析数据

前面我们对什么是分析数据已经做了大量的说明，所以这里不再赘述，但是我们将从数据知情决策的角度来讨论它。在数据知情决策中，分析数据意味着什么呢？下面将在前面介绍的相关内容的基础上说明这个问题。

在数据知情决策过程中，提出问题是第一步，通过一个好的问题（提问），才能将分析数据变成现实。如果所提的问题模棱两可、含混不清，这可能会影响数据知情决策的正确性。只有问题提得清晰明了，才能够开展想要的数据分析。

除提问的用词表达清晰之外，正确地获取数据、对用恰当的方式开展数据分析也是至关重要的。在用合适的手段采集到数据之后，就可以对数据进行分析以形成见解。须知，形成深度认识是数据认知素养的主要目标之一。在形成深度认识的基础上，就能开展下一步的决策。如果数据质量差，也无法得到令人满意的洞察。试想一下，我们花了大量时间精心构建数据可视化，呕心沥血打造统计模型，但回过头来却发现我们收集到的数据质量很差，情何以堪啊！只有获取到正确的数据，我们才有必要用一种精致的方式分析数据和信息。

对用于数据知情决策的数据进行分析的时候，我们直接将其与数据认知素养的第三个特征，以及数据认知素养的第二个 C 和第三个 C 联系起来，以创造性思维和批判性思维对数据开展拟合分析。分析数据时，秉持批判性思维必不可少，它也会贯串数据知情决策的整个过程。

对个人来说，在数据知情决策的分析环节，创造性思维和批判性思维有助于增强能力。在进行数据分析的时候，有的人可能容易忽视创造性，认为创造性在数据分析环节可有可无。恰恰相反，在分析数据时，经常需要用到创造性技能。我非常担心在数据与数量解析过程中，人类会以“机器式”的方式来分析信息，这会使我们失去许多东西，原因是我们使用了相同的分析集合、相同的过程和工具。令人痛心的是，这本不是我们应该做的。客观地说，用这样的方式分析数据，会错失一些关键的内容，而这些内容是可以帮助我们在职场、组织和生活中产生见解的。通过提出问题和目前掌握的数据，能激发我们的好奇心，我们为什么不尝试使用不同的方式来理解数据信息呢？我们为什么不提出新的想法和主张呢？真的，我们应该这样做！我们应该从不同的角度考察问题。我们能做的另一件重要的事情就是，找个人让他提出不同的观点和想法，也许邀请一个你永远不会认为他在数据认知素养方面能力很强的人，看看他们对这件事的看法，这也是有价值的。谁知道呢，也许这会帮你找到你意想不到的东西。

除了创造性思维，在帮助我们形成认识的时候，批判性思维也是需要用到的。批判性思维在我们的生活中作用非常大，尽管如此，我也常常感觉到它往往被人们忽视了。我们的社交媒体订阅源能保持多久而不更新？新闻简报在我们的屏幕上刷得有多快？不幸的是，数据信息刷新得实在是太快了。如此之快啊，我们的生活中充斥着 20 秒的快速声音片段，对此，我们并不具备这么敏捷的批判性思维能力。这对我们的生活是如此不利，我渴望有一天，个人和组织不只是追逐最新的潮流，而是大家都愿意花时间坐下来，反思眼前的一切，真正批判性地思考数据和信息。如果我们能做到这一点，一定能够更成功地开展数据知情决策活动。

在结束本节之前，我们快速地浏览一下数量解析的四个层次及其在数据知情决策分析中的地位。在描述性数量解析中，正是因为分析数据我们才能沿着数量解析的四个层次向前迈进。在诊断性数量解析中，分析数据是基础的。在预测性数量解析和指导性数量解析中，我们必须要对这些层次的信息以及模型在决策过程中的作用开展分析。只有做好了这些，才能推动我们想要的决策。

总之，分析数据是数据知情决策过程中的第三个环节，在数据知情决策中有着重要的作用。只有把这一步做正确，才能过渡到数据知情决策的第四个环节——整合分析。

步骤 4：整合分析

“整合”是什么意思呢？从《韦氏词典》（*Merriam-Webster*

Dictionary）中我们了解到，“整合”的意思是“形成、协调或融合成一个功能性的或统一的整体”[4]。对于数据知情决策，“整合”又指的是什么呢？整合是数据知情决策过程中的一个环节或步骤，它是指把人的因素融入数据知情决策中。

在数据的世界中，数据和技术往往占据着舞台的C位。我们承认数据和技术占据着舞台中心，但让人遗憾的是，不好的事情总会发生。还记得2007—2008年的金融危机吗？它似乎离我们现在不是那么久远，到2020年也仅仅过去了10多年，然而最近暴发的新冠肺炎疫情的全球扩散，却把它牢牢淹没在历史的尘埃中。现在迅速取代新冠肺炎疫情话题的是房地产市场，房地产市场蓬勃发展，但目前存在的潜在的危险就是疯狂，不知你们是否赞成这样的说法。当时在一个最重要的模型中，对大崩盘的预测几乎是不存在的。作为这个模型的平衡（balancing），人的因素在哪呢？为什么人们不参与进来，帮助全世界认识到房地产市场有些不对劲呢？

另一个例子是，数据和技术存在偏见，导致决策的失误。比较典型的就是，苹果信用卡对男性比对女性的限制更多。这在银行业和金融服务业中已经显露出来，算法出现了对性别、种族等的偏见或偏差。令人遗憾的是，这是一个人文因素没有抓住重点的领域，不幸地造成了我认为可怕的后果。

人的因素

考虑到这些例子，我不想让我们认为的一切都是负面的。为形成一个具体合理的决策，人的因素、数据和技术正确地整合并融合在一起时，结果可能会非常出色。因此，可以提出一个问题：我们如何做到这一点？我们怎样将人的因素整合到数据与数量解析之中？要做到这一点，我们要先来考察一下人力资源因素需要和谐地融入数据的不同方式。请注意，这里区别使用了“和谐”（harmonized）和“平衡”（balanced）。原因在于，我们不需要使天平总是以50/50的比例来保持平衡，我们不需要在每次决策中都使用50%的人的因素和50%的技术因素。在某些场景中，可能纯粹使用了数据，而在另一些场景中使用人的因素可能更多些，只不过最终我们希望能和谐地使用人的因素和技术的因素，使两者能有机地结合起来。例如，对是否解雇某人的问题，通过算法、数据和技术，可能会直接做出选择，但当引入了人的因素，知道事情情有可原或者感到抹不开面子的时候，可能就会把这个人留在团队中。

怎样把人的因素整合到数据与数量解析中？最简单的做法就是根据个人的经验进行整合。我在世界各地组织的讨论中经常提到的一个问题：“你泯灭了直觉吗？”因为在人们的职业生涯中，往往会积累起大量的经验，而这些日积月累形成的经验，会使个人慢慢滋生出一种感觉，“我最了解和相信我的经验”“上一次我就是这么做的”。在我的职业生涯中，我见识过许多这样的例子。我曾在一个处境艰难的组织中工作过，那时我经常听到这样的话：“曾经那么艰难我们都挺过来了，眼下的困难我们照样能渡过去的。”该组织经历了可怕的一年，只不过经济状况还算好。这种创伤我称之为“自戕”，我认为我们需要一种新的处理方法。我所在的那个组织不能像过去在其他困难年景中那样保持同样的水平，不过这恰是我看到的组织所做的。

并不是说只要拥有个人经验，我们就可以完全凭借这些经验来做决定。我们需要把数据、技术和经验有机结合起来，只有这样，才有可能找到清晰、完美的解决问题的答案，也才有可能做出更好的决策。

内部与外部因素

在数据知情决策分析中，需要在整合环节引入内部和外部因素。组织数据就是组织数据，如果在隧道或地窖里看事物，便意味着为我们自己在数据上创建隧道远景，我们可能会错过一些关键因素，因而有可能会导致我们的分析出现灾难性的差错。想想在隧道里，不管是在行车途中还是步行，你对外面了解多少呢？好吧，假如这是一条很短的隧道，那么你一眼就可以看到它的尽头。但在一条长长的隧道里，你所拥有的只是隧道里你周围环境的信息。这好比是在决策中没有利用到内部和外部的数据。

就内部数据来说，它是组织内部发生的不同的事情，与我们的决策和分析关系密切。以个人为例，个人的内部数据可能就是个人生活中发生的所有事情。外部数据所显示的趋势和宏观因素可能会影响我们的企业、生活等。例如，受金融危机的影响，世界经济趋于恶化。如果在那个时期，我们仅关心内部数据，不考虑其他方面的数据，那就是人为地将自己置身于隧道中，那么就有可能做出许多错误的决策。我们应该把内部数据和外部数据有机地利用起来，以服务于决策需要。

如何将人的因素整合到数据知情决策中？在数据认知素养的不同方面它是如何发挥作用的？为了更好地帮助大家研究这个问题，还有一些与人的因素有关的东西值得探究，那就是偏见。什么是偏见呢？

偏见或偏差（Bias）

从“走向数据科学”（Towards Data Science）中，我们了解到，“一般来说，偏见被认为是，在把某事、某人或某群体与另一事、另一人或另一群体比较时，所持有的赞成或反对的成见，通常被认为是不够公平”[5]。同时 Bias 一词也可以理解成“偏差”，这在统计学中比较常见，根据“走向数据科学”中给出的解释，统计学所讲的偏差，是指拥有的数据不能代表研究的总体。在这里，我们主要采用 Bias 的第一个所指，即偏见。在数据与数量解析领域中，个人的偏见在数据知情决策中经常出现，这也是我们致力消除的东西。现在来看一个针对要不要发动促销攻势进行决策的案例。假如带着个人好恶看待促销活动，即使数据反映出的是你应采用第一种促销活动方式，你也会偏向于第二种促销活动方式，那么你很有可能按照你的喜好决定采用第二种促销活动方式，反对第一种促销方案。你认为在商业世界中这样的事情会发生吗？答案是几乎每时每刻都在发生。通过分析数据尽可能地消除个人偏见对决策产生的干扰，就能扫除数据知情决策过程中第四个环节存在的障碍，从而保证我们能做出明智的决策。在这本书中，我们不准备对偏见做更深入的讨论，可是，我认为，把我们有可能遇到的偏见的几种类型给大家讲一讲是很有必要的，以便我们在做数据知情决策的时候能尽可能地消除偏见。

第一种就是证实性偏见。所谓证实性偏见，就是找寻数据支持业已持有的概念、主张等。也就是不把所有的数据公之于众，仅使用那些能够支持我们看法的数据。在美国，这种类型的偏见，在生活中可以说是无时不有、无处不见，如商务活动、政治活动，乃至我们个人的生活。我们是不是经常被动地接受不同来源的数据，我们是不是经常服从展示给我们的不同“答案”？可是这些答案被传递给我们信息的人的证实性偏见污染了。政治活动就是孕育这种类型偏见的温床，政客们会为了分享和讲述他们的离经叛道的故事，而刻意选择性地使用数据。

第二种是所谓的现状偏见[6]。这种类型的偏见我们已经司空见惯，且它们使我们感到“安逸”。有多少人因为害怕改变而只想维持现状？我们当中的许多人，特别喜欢安于现状。在数据知情决策过程中，一旦你希望去改变，那你立马会遭到很多人的反对，他们会把你挤兑回去，因为这些人多半知足常乐。

第三种是第一印象偏见或锚定（anchoring）[7]。这种类型的偏见，如同证实性偏见，是一类最为常见的偏见。所谓第一印象偏见，就是看重第一次看到的结果，对它印象非常深刻，刻骨铭心。我们不会花时间去研究是否还有其他结果。这种“开门见山”的态度，确实会妨碍数据知情决策。如果销售活动的第一个结果预测得到5%的回报率，你是否会基于这个来做决定呢？可是，后来发现你经过调整再次运行得到了12%的回报率，这时你又会做怎样的决定呢？遗憾的是，你想决策快速落地的愿望可能是问题所在。

在数据知情决策过程中的第四步，我们把人的因素整合进来，目的在于把我们的个人经验、其他人的经验和组织的经验一并代入到数据知情决策中，最终利用它来对冲可能来自我们自己或他人的偏见从而形成一种平衡。我喜欢问，这样做是否有可能消除分析或决策中的所有偏见呢？要做到这一点可能困难重重，但正因如此，我们才要努力识别偏见，尽可能地消除偏见，此外还要指明在数据知情决策的过程中可能存在的偏见。

无论是数据认知素养的四个特征，还是数量解析的四个层次、数据认知素养的3C等，消除或改善其中存在的偏见，在很大程度上都依赖于数据认知素养。在阅读数据、用数据开展工作、分析数据和用数据开展讨论的过程中，越感到自信、越感到自在，就越有能力消除工作中可能存在的偏见。通过这样做，可以更加自信地将人的因素与数据和技术因素糅合起来。

在讨论了人的经验和数据的整合之后，接下来，就来介绍数据知情决策的第五个环节——给出决策。

步骤5：给出决策

经过对数据知情决策前面四个环节的讲解，现在进入第五个环节，即决策阶段的讨论。第五个环节，说白了也是数据知情决策的原意和决策活动的最终结果，归根结底在于要做出决策。这里有必要提醒数据知情决策的几个关键要素：第一，必须做出决策；第二，必须要让其他所有人都知晓决策的结果是什么；第三，必须要努力实施决策方案。在数据知情决策的流程图中，所有这些都是关键要素。我们在正确而又准确地实施这些关键要素的时候，需要遵循这些关键要素的逻辑关系，并把它们与数据认知素养紧密结合起来。

在数据认知素养中，最为重要的事情就是给出决策。我们试图通过阅读数据、用数据开展工作、分析数据和数据沟通活动来实现它。通过数据认知素养掌握和积累起来的所有这些方面的技能，都在为决策蓄积能量。阅读数据，就是在给自己提档以便更好地用数据开展工作。用数据开展工作和分析数据，就是朝着把我们发现的东西传播出去的方向前进。所有这些，都是我们寻求决策的过程。当然，数据认知素养的四个特征，只是数据知情决策前四个环节中各个环节的一部分。在这个基础上，我们最终会被引导到第五个步骤。数量解析的四个层次确实描绘了决策这个美妙的图像。

在数量解析的四个层次中，我们通常会做出一个决策。在描述性数量解析中，我们会构建仪表盘、报表、数据可视化，以便员工能顺利地使用数据。我们必须在这四个层面上做出决策，这可能有助于增强我们开展数量解析活动的能力。当我们在其他三个层次上使用数据知情决策时，其实也在使用着数据知情决策过程的每一个步骤。

我们做决策的一个关键要素是沟通，你能想象得到吗？一个明星运动员，在掌握相关数据和信息、从家人和朋友那里得到见解，在综合考量内部和外部信息后自己做出决定，在没有让任何人知道的情况下，结果会怎样呢？这里举一个我最喜欢的运动员迈克尔·乔丹的例子，对于那些追随他职业生涯的人来说，他在中途做出了放弃篮球而去打棒球的决定。如果他接收到所有的信息却不告诉任何人呢？那他可能会以惨败告终。同样，商务领域的许多事情也是如此。

在前面曾讲过隧道的比喻，现在再拿它来进行说明。在那个隧道中，可以提出问题、获取数据、分析数据，并将它们整合到一个数据知情决策的过程中，进而做出决策，然后不让任何人知道。遗憾的是，这看起来会给所有相关人员带来糟糕的结果（除非有人真的会对你的工作有看法）。相反，我们必须发表意见，做出属于我们的决定，让正确的各方参与进来并付诸实施。在这里，回到数据认知素养的第四个特征和数据流畅性上来。通过将这一点纳入工作，并将其作为我们进行决策时关注的首要内容，那我们就正在迈向一个更成功的数据知情决策。

在沟通决策的同时，必须积极行动起来。我喜欢超级马拉松跑步运动，因为 我们可以从中得到很多数据和信息，可以据此做出明智的、基于信息的决策，如参加什么样的跑步赛事、怎么训练等。设想一下，假如我提出了一个重要问题：我应该参加什么样的比赛？我会选择参加一个非常复杂和困难的 100 英里的超级马拉松吗？这是绝对可以接受的！我提出了问题，搜集了数据，分析了需要进行的训练，整合了我个人的信息，如我是否受过伤等，并决定参加比赛。我甚至将参加比赛的消息宣布在我的社交频道上。这时，如果我片刻都不行动将会发生什么？当我不在我喜欢的社交频道上出现时，我的脸上会挂着一个“完成者”的皮带扣（一个普通的 100 英里完成奖而不是奖牌）。我做了我需要去做的所有事情，结果却让它反过来困扰着我，因为我没有付诸行动。

因此，当你通过数据知情决策的步骤，制定一个周密的策略和计划时，不要忘了做一件至关重要的事情，那就是着手实施自己的决策。

步骤 6：开展迭代

迭代是数据知情决策框架中的最后一个步骤，对我而言，迭代是指评估、学习和循环往复地做下去。在数据与数量解析及决策中，有件事是确定无疑的，那就是没有什么事是确定不变的，如果正在进行一个正确的、基于数据决策的实践，事情就会循环往复。回过头看看图 9-1，我们能看出它是一个圆圈。我们次第完成每个步骤，直至做出决策，但是也许最为重要的是，我们可以从已做出的决策中学习，然后不断地重复这一过程。总之，采取这样的做法，更加有助于组织实行数据驱动和数据知情。当组织希望充分地利用其数据资产时，那它们必须能够持续地迭代。托马斯·爱迪生（Thomas Edison）在谈到电灯泡时深有感触地说道："我从来没有失败过，我只不过发现了10 000种材料不适合做电灯泡而已。"[8]在数据与数量解析中，同样可以说这样的话。我们做了一个决策，而它不符合我们的方式，没有达到我们的目的（我知道，令人震惊的是，一个决策没有按我们认可的方式产生作用），那么这样的决策就为我们提供了一个学习的机会，这不算是失败。对此，我们应该怎么做呢？

为了开展迭代，我们需要建立数据思维文化。在这本书中，我们已经详细地谈论过数据思维文化。组织需要有文化，这样数据认知素养的学习会变成常态，人们就能理解数量解析是怎么开展的，也能认识到某个决策过程不是最终的结果，只是产生最终结果的过程中所产生的半成品。当组织拥有正确的文化，并且清楚决策是什么、怎么让它发挥作用的时候，就能推动明智的决策。

对数据知情决策过程的第六步也即最后一步来说，组织文化问题是绝对重要且不可或缺的。假如没有合适的文化，组织在总体数据决策方面会遇到巨大的问题。关于这一点，这里举两个较为典型的事例，其中一个是我个人职业生涯中亲历过的。

我们遇到的第一个问题是，组织不明白，在数据与数量解析中，我们所做的决策不能保证绝对有效。如果企业文化不到位，员工没有强大的数据认知素养，那么在做出一个数据知情决策时，员工会期望能会奏效。现在，我没有说我们不应该期望它起作用，但是当它不起作用时，当我们有数据思维时，可以把它作为一个学习的情境和例子。

我们遇到的第二个问题是，组织没有健全的数据认知素养文化，整个组织及其决策中充满着偏见。这意味着，当个人做出明智的数据知情决策时，因为可能遇到周围势力的反对，这个决策甚至可能无法付诸实施。在消极意义上，数据与数量解析并不是一个有争议的领域。是的，我们应该挑战假设，辩论我们在做什么，并推动做出更明智的决策，但如果我们没有正确的文化，偏见可能会见缝插针并造成问题。

就数据知情决策框架的第六个步骤而言，重点是要知道，当决策被做出时，还要经过提出问题、获取数据、分析数据、整合分析和给出决策的过程，并且对这一过程中的每个环节和决策，都要进行分析、评估等。

本章小结

总之，对那些希望在数据与数量解析方面获得投资回报的组织来说，数据知情决策框架是必备的。那些从事数据知情决策的人和团队，应该切实遵循我们勾画出来的数据知情决策框架，认真对待六个步骤的每一个环节。

提出问题、获取数据、分析数据、整合分析、给出决策和开展迭代的过程，应该成为我们的日常活动，应该成为我们用数据认知素养开展工作的不可分割的部分。话说回来，如果不是为了做出决策，那么培养数据认知素养的目的又是什么呢？个人也好，组织也罢，数据认知素养应该引导我们去做出更好的决策。下面所举事例，可能有助于说明这一点。

在第 1 章中，我们提到过劳斯莱斯公司，这里再以它为例进行说明。在该公司生产的飞机发动机上，劳斯莱斯公司利用物联网（IoT）和传感器不断采集飞机在空中飞行过程中产生的信息，然后传回地面。通过这个例子，我们来讲解数据知情决策是怎么开展的，以使组织觉得在飞机上安装 IoT 和传感器是一项有价值的投资。请注意，这是一个假想的例子，有潜在的发生可能，姑且不管它是否与现实无异，但拿它来说明数据知情决策是怎样运作的应该是可以的。

按照数据知情决策的流程，第一步是提出问题。如果你是工程师或数据科学家，你正在研究外部环境，并且你注意到了 IoT 和传感器在数据与数量解析中是一个很重要的课题。这时你问自己一个问题：在飞机发动机上安装传感器，空中飞行着的飞机能把信息传回地面吗？这是第一步，受好奇心驱使提出一个问题。

接下来的第二步就是，希望利用传感器谨慎地采集大量的数据和信息，它们是怎么工作的、能否被安装在飞机上、能否在飞机飞行过程中传回信息，这些是外部数据。你还可以研究和学习组织内部的计划，搞清楚时机是否合适，以及在飞机发动机上安装传感器的难度。最后，你获取了传感器采集到的数据和信息，使你能描绘出这种可能性。至此，第二步——获取数据便完成了。

第三步是开展数据分析。你没有采集所有的数据和信息，包括内部和外部的，你这样做只是为了好玩，是吗？当然不是的！你采集了这些方面的所有信息，是为了认识理解事物和开展分析。你在堆积如山的数据中进行筛选，以便真正认识到使用这些传感器的复杂性、市场需求和潜在的回报。在这一过程中，你运用自己的批判性思维，通过你的分析，帮助设计不同的情境。至此，第三步已经完成。

第四步是把人的因素整合到分析中。不只是你一个人的因素，可能还包括你的邻居、朋友、同事等人的因素，目的就是了解这些新型传感器可能产生的潜在影响，以及它如何帮助安全飞行。你也要注意不要被偏见冲昏头脑，你知道你个人想要这些传感器，认为收集数据将是令人兴奋和有趣的，但你很清楚你的个人兴奋会对决策产生影响。通过这个过程，你觉得你已经融入了你的个人经历。在完成第四步后，你就可以很好地做出数据知情决策了。

第五步是给出决策。通过以上步骤，你已经决定在飞机引擎上安装物联网和传感器。你觉得这样做的好处和回报是将极大地帮助飞机的飞行、使飞行更加智能，等等。于是，你制订了沟通计划，帮助组织了解目标和计划。最后，你开始执行这个决策。

第六步是开展迭代。随着传感器安装计划的实施，你开始收集越来越多关于传感器及其工作方式的信息。通过这些信息，你可以提出越来越多的问题，然后不断重复数据知情决策的过程。毫不夸张地说，这是一个智能的、数据驱动文化的重要过程。

参考文献

1. Qlik (undated) Data-Informed Decision-Making Framework. Available from: https://learning.qlik.com/course/view.php?id=1021 (archived at https://perma.cc/32WF-BHD7).

2. Jenkins, B (2019) 25 Bizarre News Headlines You Won't Believe Are Actually Real. Liveabout.com, 11 March. Available from: https://www.liveabout.com/ bizarre-news-headlines-4147212 (archived at https://perma.cc/B32Y-SXAV).

3. Renz, T (2018).25 Crazy news Headlines Around The World That Actually Happened in 2018, Thetravel.com, 25 December. Available from: https://www. thetravel.com/crazy-news-headlines-around-the-world-that-actuallyhappened-in-2018/ (archived at https://perma.cc/7V4R-36GK).

4. Merriam-Webster (undated) Definition of Integrate. Available from: https:// www.merriam-webster.com/dictionary/integrate (archived at https://perma.cc/ S6VV-4CGR).

5. Terrance, S (undated) What is Statistical Bias and Why is it so Important in Data Science? Towards Data Science, 18 February. Available from: https:// towardsdatascience.com/what-is-statistical-bias-and-why-is-it-so-important-indata-science-80e02bf7a88d (archived at https://perma.cc/RCT7-KE6F).

6. Stanghini, J (2015) The Most Common Biases in Business Decisions. Business2Community, 19 June. Available from: https://www. business2community.com/strategy/the-most-common-biases-in-businessdecisions-01255194 (archived at https://perma.cc/M6KY-5QMQ).

7. Memory (2020) 8 Types of Bias in Decision-making [Blog], 3 January. Available from: https://memory.ai/timely-blog/8-types-of-bias-in-decision-making (archived at https://perma.cc/QB95-D2PP).

8. Ruth, A (2015) Thomas Edison – 10,000 Ways That Won't Work [Blog], Due, 22 July. Available from: https://due.com/blog/thomas-edison-10000-ways-thatwont-work (archived at https://perma.cc/8EZC-NX44.

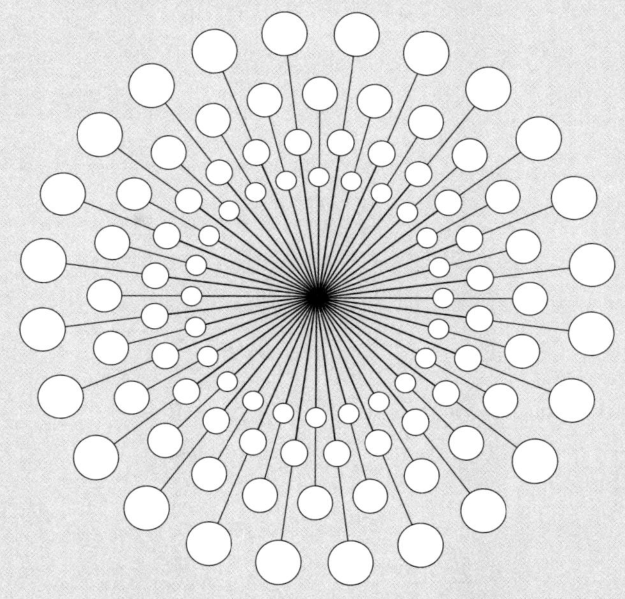

10

数据认知素养与数据和数量解析策略

关于数据认知素养，前文已经做了大量的介绍。但对数据与数量解析策略，我们没有专门进行重点讲解。尽管在这本书中，我们用不同的方式讲到过数据与数量解析策略，并且在这里仍然不打算从更详细的角度深入地探讨它，但我想谈谈数据与数量解析中那些被“炒作”的东西。“炒作”这一用词，丝毫没有贬义。我的意思是，在生活中，在谈论数据与数量解析的时候，那些术语与数据与数量解析的这些方面总是不绝于耳，甚至在一些场合，人们会狂热地滔滔不绝地谈论它们。因此在这一章中我想探讨一下，与这些数据与数量解析有关的是什么东西，以及它们与数据认知素养存在着怎样的关系。主要包括以下几个方面：

· 数据驱动文化；

· 商务智能；

· 人工智能；

· 机器学习与算法；

· 大数据；
· 嵌入式分析；
· 云；
· 边缘分析；
· 地理分析。

纵然如此，它们也没有覆盖数据与数量解析的全部内容，因为有许多东西都可以成为一个策略的组成部分，但不是说所有的东西都应该成为其中的一分子。不过，我们希望大家能轻松地认识这些话题，了解它们与数据与数量解析有着怎样的关系，掌握数据认知素养在这些方面起着什么样的作用。

数据驱动文化

近年来，很少有话题像组织希望形成“数据驱动的文化”那样受到如此之多的关注。这个主题需要大量的思考、想法等，它俨然成了一个神话，因为组织不知道如何形成实际的数据驱动的文化。

2020 年，全球因 COVID-19 病毒肆虐而停摆的时候，组织在组织员工生产和保障他们的安全、帮助客户渡过经济停滞、满足供应链需求、进行数字化转型（员工不能在工作场所工作，被迫居家办公）等方面，都在寻求做出可能的最佳决策。面对这些变化，精心打造的功能强大的数据与数量解析应该能提供帮助，这是它长期以来致力实现的目标。问题出在哪里呢？绝大多数组织很快就发现自己并不是一家真正的数据驱动型公司，不管它们觉得自己是还是不是，这都引起了一系列的焦虑和问题。

长期以来我的行程一直排得满满的，受突如其来的新冠肺炎疫情的影响，各种组织纷纷找上门来，使我的行程变得更加紧凑。我觉得很多组织对待数据与数量解析，好比个人下到游泳池，我们大家可能都看到过，我们自己甚至也做过这样的事。比如我们步入游泳池中时，会先“试水”，感受一下水温，而不是不管三七二十一一下子就跳入水中，我们会慢慢地深入水中。当我们慢慢进入水中时，一般会先让浸在水中的身体部位适应水的温度，然后再不断移动身体直至全部没入水中。

然而，总有一些人（我儿子就是其中之一），看到游泳池就会毫不迟疑地跳进去，根本不会试探水温。那些快速而毫无恐惧地跳入泳池的人，很快就能安然地享受游泳的好处。相反，那些迟疑不决、慢腾腾地进入游泳池的人，要是拖得太久，可能会遇到类似游泳馆可能马上要关门的麻烦，可能不能充分享受到游泳的好处。这个场景很像那些公司，它们也因迟疑不决没有把自己全身心地浸入在数据与数量解析的世界中。

“数据驱动文化”这个术语目前还没有一套完整的解释，我们也不需要对它进行专业界定。本质上，它是受到内部数据与数量解析影响的组织和文化。对数据驱动文化，我赞成这种说法，就是把数据这个 DNA 编织到组织的文化中。也就是说，我们希望用数据与数量解析这个 DNA 增强组织的生命。这就是数据驱动的文化，它使假设被质疑、数据知情决策得到利用，数据认知素养因而兴盛起来。然而要想找到那些真正依靠数据驱动文化获得成功的企业，是比较困难的。除 Netflix、

Google 和亚马逊等少数企业外，真正的数据驱动型组织少之又少。大量的企业徘徊在游泳池旁边，慢腾腾地试水而不是一往无前地跳入水中。

由于2020年世界范围内新冠肺炎疫情肆虐而造成全球停摆，“数据驱动文化”这个词语才引起了广泛的传播。当组织还在试探性涉水的时候，全球停摆打开了人们的视野，从数据与数量解析的角度看待组织面临的现实问题的时候，组织认识到了它们还没有准备好，组织中的文化和员工还没有做好运用数据知情决策这个杠杆推动决策的准备。

前面我们已经很详细地谈到了数据认知素养文化，这里不再赘述。但是，我们需要探讨数据认知素养与数据与数量解析策略之间的关系。尽管不是所有的，但大多数情况下，数据驱动的文化与数据与数量解析策略之间存在着一定的关系。因此，如果想要数据与数量解析策略能够有效而又顺利地达到目的，那我们必须拥有正确的数据驱动文化，使得数据与数量解析浸润到组织和员工中，因为只有数据认知素养这个有用的工具才能使这一切发生。

我认为，有时组织会将工具或神秘而难以捉摸的数据驱动文化作为策略。现在，我要强调的是：文化和工具不是策略，它们只能起部分作用。拿建造房屋来做个类比，假如你想给自己建造一栋壮观的房子，这时你需要一些木材、锤子、钉子，以及其他的一些工具。但你没有建造房屋的图纸就准备动手盖房子并希望能建成。这时随便在大街上雇用一些人，并告诉他们“帮我盖一栋我梦想的房子”。想一想，有可能成功吗？大家都知道，这是不可能达到目的的。可是，再来设想一下，你有建造房屋的图纸，雇用了专业的建筑工人，让每个人都了解了你梦想中的房子的模样，这时，在你的计划中，其实已经形成了房屋建造的文化。这就是我们所讲的数据驱动文化。

对组织来说，数据驱动文化具有独特性，它不是千篇一律的。有些组织已经建立了数据驱动文化，有的则没有。有的致力培养员工形成较好的数据思维，有的则不然。我们应该站在自己和所在组织的立场，发现问题，然后着手制订计划、蓝图和策略。

商务智能

一本介绍数据认知素养的书不能不包括商务智能的内容。首先我们要来考察一下商务智能的发展历程，以及它改造这个世界的工具。与你在本书中读到的一些最新术语不同，商务智能存在的时间已经非常久远了。Microsoft Excel 早在数十年前就问世了，20 世纪 90 年代初，出现了像 Qlik 这样的商务智能工具。伴随着对数据增长的预判，Tableau、ThoughtSpot、Microsoft Power BI、Alteryx 等商务智能工具，也雨后春笋般涌现出来。这一商务智能工具清单非常长，远超过我个人所能列示的范围。说到这里，大家不禁要问什么是商务智能呢?

投资百科（Investopedia）是这样解释商务智能的：

> 商务智能（BI）是指采集、存储和分析公司活动所产生的数据的程序和技术基础设施。广义上讲，BI 包括数据挖掘、过程分析、性能基准测试和描述性数量解析。BI 解析企业产生的所有数据，并提供易于理解的报告、绩效指标和趋势，这些信息可为管理决策提供依据[1]。

投资百科给出的商务智能的解释，更多侧重于技术角度，下面我们也谈谈它的非技术层面的意义。商务智能是工具和数据源，组织可以利用它们实现数量解析四个层次的分析目的。通过商务智能，能够收集数据、简化数据、组合数据，并将其用于数据可视化等分析工具中，并通过它开展分析。商务智能提供的帮助是促使数据向大众开放，正是这一点，使我们窥探到了数据认知素养在商务智能中的作用，不过，还是需要先来讲一讲商务智能在数据与数量解析策略中的地位。

在数据与数量解析策略中，需要形成多方面的方法，才能使组织在数据与数量解析方面取得成功。方法之一是组织为获得成功而部署工具套件，组织需要部署什么样的工具来获取数据？需要什么样的工具来清理数据，以便在民主化的战线上使用？需要什么样的工具来进行分析、可视化，以及实现数据的许多其他数量解析功能？那就是商务智能。

在数据与数量解析策略中，我们通常会组建团队，以帮助部署和构建业务智能工具套件，有时称为工具“堆栈”。该工具套件用于帮助整个组织的数据民主化，并帮助组织成功地进行四个层次的分析。这就是数据素养发挥作用的地方，如果数据不存在，商务智能工具套件可能无法正常工作，或者不能发挥其全部潜力。

在构建商务智能工具套件时，首先，组织需要对数量解析的四个层次有深入的认识了解，这是十分重要的。对数量解析的每个层次，商务智能工具对相应层次的数量解析获得成功的作用极为重要。拿描述性数量解析来说，需要拥有合适类型的数据仪表盘和可视化工具，才能使我们将正确的信息呈现给有需要的人。由此可见，商务智能工具可以很好地推动诊断性数量解析，但还有一些工具可以帮助我们更好地挖掘数据。对预测性数量解析，需要使用合适类型的商务智能工具和软件（以及高质量的数据），只有这样才能做出客观的预测。对指导性数量解析，合适的商务智能工具和高质量的数据是必需的，因为这是数据和技术能够帮助我们决定做什么的基础。

通过商务智能工具能对四个层次进行分析，它有助于组织清洗、搜集数据，并把数据在合适的时间放在该放的地方。这不是本书讲解的主题，但在数据来源和管理中，技术进步和发展非常迅速。随着技术的进步和发展，把合适的人放在合适的位置上很重要，具备相应的数据认知素养对获取数据也很重要。就像在数据知情决策过程的第二步，我们需要为决策过程的实施获取优质数据。

在商务智能中，数据认知素养旨在帮助组织成功地推行数据民主化。在数据驱动文化的蓝图（想一想我们建造房屋的案例）中，商务智能作为一种工具，有助于实现数据民主化。在构建数据驱动文化的蓝图中，商务智能工具可以被视为给员工提供的数据技术软件和工具，以帮助其成功实施数据与数量解析策略。基本上，商务智能工具就是实现策略和蓝图的锤子与钉子。

然后，数据认知素养就变成了正确使用工具以获得正确的最终结果的技能。在数据与数量解析策略中，最终的结果是做出一个明智和智能化的数据知情决策，同时我们还需要在员工队伍中保持适当的数据流畅性，以便形成数据在整个过程中的利用方式，需要大家理解和注意的一点是，数据认知素养不仅仅是用于数据与数量解析的理论与概念，数据素养还需要包括学习如何利用我们掌握的用于数据与数量解析工作的商务智能工具。我们可以学习所有我们想要学习的理论，但是如果不能用一种工具，以一种有效的方式来实现它，我们的学习有什么意义？反之亦然。如果已经学会了所有关于商务智能工具的知识，却不知道如何在四个层次的数量解析中开展工作呢？我们的学习岂不又是白费力气。因此需要将这些结合在一起，以确保我们能够在数据与数量解析活动以及商务智能工具应用方面取得成功。

人工智能

为了帮助大家认识人工智能，在这部分的讨论中，我想按照一定的顺序展开。首先，将讨论什么是人工智能。然后，讨论人工智能在数据与数量解析领域可能产生的影响。最后，讨论数据认知素养对人工智能的作用。

从《韦氏词典》（*Merriam-Webster Dictionary*）中可以查到，人工智能被定义为“计算机科学的一个分支，处理计算机中智能行为的模拟，机器模仿人类的智能行为”。仅从这个定义，就已经看到人工智能可以进入数据与数量解析的世界，特别是当它是指机器模仿人类行为的时候。这就使我们提出了一个问题：人工智能能否做出一个类似人类智能的数据知情决策？

下面是一些人工智能的例子，有助于向我们阐明这个术语的含义[2]。

· 亚马逊的 Alexa：在我家，Alexa 是我们经常用到的一个工具（主要用于听音乐）。

· COGITO：在你毫不知情的情况下，你或许已经和Cogito公司部署的人工智能打过交道。在该公司的网站上，是这样说明Cogito的："Cogito的人工智能解决方案为代理商提供通话中的行为指导，并适时测量客户每一次电话交谈的感知。Cogito帮助成千上万的代理商与数百万计的客户建立了良好的关系"[3]。通过人工智能，Cogito使得客户的电话体验更愉快，也更成功（希望如此）。

· NEST：我们中有多少人见过这种神奇而功能强大的装置？Nest是一个在居家、学习场所使用的数字恒温器，它通过算法来控制加热和降温。顺便问一下，你知道Nest可以通过Alexa来进行声控吗？有趣的是，这些事情都是它们自己解决的。

当今世界，人工智能无处不在，不管我们是否知道它、喜欢它，或者承认它，都需要认识到它的力量并识时务地使用它。

在数据与数量解析领域，人工智能具有强大的影响力。根据上述解释，我们知道了人工智能是试图模仿智能行为，如果能让计算机或人工智能在数据与数量解析中做出更明智的决策，那会是什么感觉？这就是力量！计算机的处理能力比人脑要强大得多，至少计算机能找到比我们多得多的解决方案和答案。超级计算机可以处理比普通计算机多得多的事情，它们能够处理和计算更多我们人类在任何时候都能做的事情并能快速将这种能力运用到决策过程中，不仅一定能使我们惊叹不已，而且对我们非常有帮助，如果能有一台计算机为我们做出更明智的决策，为我们的部分数据和分析工作提供动力，那我们就可以看到在这些领域的投资获得的更大回报。不过问题是，这与数据认知素养有什么关系呢？

数据认知素养对人工智能有着重要而强烈的影响，但我感觉人们对人工智能是什么，以及它能够或将要做什么存在着误解。我个人的经历，将有助于说明我对数据认知素养与人工智能结合的看法。

有一次我去南非参加一个关于数据认知素养的会议，在旅途中，我访问了不同的组织，和它们一起讨论数据认知素养、举办研讨会等。在一次对一家公司的访问中，我向一小群员工做了一次演讲，我们进行讨论和开放式问答。听众中的一位先生问了我一个特别重要的问题："这些人工智能难道不会让我们变得懒惰吗？"请花时间仔细思考一下这个问题。对此你是怎么看的？这会使我们变得懒惰吗？我对他的回应，反映了我对这个美妙而非常有趣的话题的看法。我先让大家想象一下我们拥有的仪表盘或数据可视化。这项工作是我们每周都要做的，我们通常需要花费三个小时的时间来准备仪表盘。完成后再将其发送给需要的各方。现在，想象一下，在你所在的组织中，为某个仪表盘使用了人工智能，以前花三个小时才能完成的工作，现在只需 15 分钟。你因此变懒了吗？不！你现在节省出来的 2 小时 45 分钟，可以用来完成更深入的信息挖掘，或者做其他项目。

对我来说，人工智能的出现并没有使我们变得懒惰，反而可以帮助我们提高生产力，通过赋予我们更多时间的方式，让我们现在有更多的机会实现数据认知素养的 3C——好奇心、创造力和批判性思维。不幸的是，我们的大部分工作，并不像卡尔·纽波特（Cal Newport）所说的那样是"深度工作"（deep work）[4]。我们做得更多的工作可能是做同一个平凡的任务、收发电子邮件，以及浅表层次的活计。通过在工作中实施人工智能，我们现在能够利用数据认知素养技能成功地处理数据。

随着人工智能为我们打开机会和可用性之门，它将帮助个人和组织通过商务智能套件 / 四个层次的数量解析开展工作。在描述性数量解析、构建仪表盘和可视化中，我们都可以发现人工智能的应用。在诊断性数量解析中，拥有一台智能计算机可以帮助我们寻找和发现新的和改进的见解。在预测性数量解析和指导性数量解析中，人工智能可以发挥关键作用，因为它的计算能力和处理速度可以帮我们更好地进行预测，从而指导我们的工作和生活。

总之，人工智能的作用虽然有时被夸大了一点，但它的确是任何数据与数量解析策略的有力补充。

机器学习与算法

与人工智能存在密切关系的就是机器学习与算法。首先来说一下算法，因为这可能是我们都比较熟悉的。所谓算法，是“一步一步地解决问题或完成某个目的的过程”[5]。从根本上讲，算法是为了一个直接的目的或指定的结果而进行一次计算或一组计算的步骤。

世界上有许多算法的实例，我们以从银行和金融服务中找出的算法为例。银行和金融服务业从事大量资金的借贷业务，当它们贷出一笔钱的时候，最重要的是要判断贷款人有没有能力偿还贷款。作为人类，我们能够通过评估潜在客户的价值，做出是否贷款的决定。那么我们为什么不利用算法筛选所有的数据以便决定是否可以把款项贷给某个人呢？现在，这类活动和算法可能比较精准了，然而像其他算法一样，其中可能也存在缺陷和偏见。那么我们下一步要考虑的是这个算法是谁写的呢？谁在为算法采集数据？

我知道我在这里有点以偏概全，但是在算法中确实存在偏见和缺陷问题。由于人类自身存在着缺陷或偏见，当他们研究、构建算法，为算法提供数据并实现算法时，这些偏见和缺陷可能会蔓延到结果中。这些类型的缺陷在算法和人工智能领域，可以说是屡见不鲜。

机器学习与算法是一对孪生姐妹，机器学习听起来像什么呢？是的，机器学习听起来像是机器、计算机在学习。这一点没有错！按照《麻省理工技术评论》（*MIT Technology Review*）中给出的解释，“机器学习算法（总算看到了吧，一对孪生姐妹），运用统计方法从海量数据中找出模式”[6]。“投资百科”指出，“机器学习是一个概念，在没有人为干预的情况下，用计算机程序学习和适应新的数据。机器学习属于人工智能（AI）领域，无论社会经济如何变化，它始终保持着计算机内置的算法都是最新的。”[7]从本质上讲，机器学习是算法通过自身学习，以促进我们的组织、数据、数量解析等的改善的过程。

在数据与数量解析策略中，包括在数据认知素养中，机器学习与算法都占有一席之地，但我们必须明白，这是一个非常“技术”的空间。让机器在你身边工作、自己学习等都是很有价值的，但是如果没有一个会操作该机器的员工，即使有技术也可能是毫无意义的。所以在这种情况下，数据认知素养的培养是使员工和文化能够通过机器学习和算法获得成功的力量。

如果通过数据驱动的文化、数据与数量解析策略来开展工作，那么机器学习与算法应该赋予劳动力（数据中的人的因素）更多的时间来解释、提出问题，它也应该把人的因素带入更明智、更快的决策中。这就是数据认知素养发挥作用的地方。当一个算法或机器学习系统通过数据工作、给出结果并继续自己的学习时，作为专业人员，你最好准备好利用提供给你的数据做出更明智的决策。在这里，可以看到数据认知素养的第三个特征——分析数据的作用。

如果希望员工正确利用算法或机器学习与我们共享数据，需要使数据认知素养和学习是合理有效的。在这里，我们也看到了能够用数据语言说话、数据流畅性和使用数据认知素养的 3C 的必要性。当在使用为我们设计的算法时，我们的好奇心应该被激发出来，我们应该针对结果提出问题，我们应该对展示给我们的结果有创意，当然我们应该批判性地思考这些信息。当算法给我们提供信息时，我们应该利用我们的能力对信息进行批判性思考，并确定我们使用的结果是否存在缺陷或偏见。

大数据

2010 年左右，“大数据”一词真正流行起来。大数据的概念实在是太好了。如果我们拥有大量的数据可供我们进行筛选，能从中发现深刻见解，并且真正能帮助组织在数据与数量解析策略方面取得成功，那会怎么样呢？这似乎是一个精彩的故事，每个组织都应该开发和充分利用它。

大数据是数据，它以更快的速度、不断增加的体量产生出种类多样的数据，大数据具有人们已熟知的 3V 特征[8]。大数据的 3V 分别是体量（Volume，V）、速度（Velocity，V）和多样性（Variety，V）。“大数据”这个令人着迷的词汇，应该能使人意识到，组织怎样才能充分地利用它所产生出来的海量数据。我曾经在一家世界上最大的金融机构工作过。这家组织产生的数据量十分符合大数据的标识。该机构拥有的数据体量非常庞大，数据进入组织的速度非常之快，而且数据来自全球，种类繁多。客观地说，这家金融机构的数据堪称“大数据”。问题是，大数据是像宣传的那样神奇还是名过其实呢？

随着时间的推移，不仅大数据变得如此重要，小数据、中数据等也是不可忽视的。组织不仅需要对大数据加以开发利用，更要与其他各种形式、各种规模的数据相结合，假如仅仅关注大数据，组织有可能会错失它所拥有的数据的功用。

在数据与数量解析的范围内，个人也好，组织也罢，必须清醒地认识到，不能被数据和信息有关的炒作诱导。现在，世界各地对大数据的炒作甚嚣尘上，简直达到了歇斯底里的地步。在数据与数量解析策略中，可能需要寻找和拥有一套能够处理组织可能开发利用的海量化大数据的系统。不过请记住，不管是我们所在的组织，还是我们自己，都需要获取和充分利用其他各种规模的数据。

就数据认知素养而言，结果都是一样的：学会如何用数据与数量解析开展活动，并努力适应它。不管你看的是大数据、小数据、圆形数据、三角形数据，还是任何我能想到的后面跟着“数据”这个词的内容。作为个人，我们需要适应并能够有效地利用我们的数据认知素养技能、四个层次的数量解析能力和数据认知素养的3C，以便在数据中发现真知灼见。

嵌入式分析

嵌入式分析是数据与数量解析中一个新兴的发展非常快速的领域，也是数据与数量解析领域的一个特别重要的分支。嵌入式分析是应用程序中分析内容和功能的集成，如业务流程应用程序（如CRM、ERP、eHR/EMR）或门户网站（如内部网或外部网）[9]。本质上，嵌入式分析是将分析让所有的员工都有机会接触分析工作。这不合理吗？然而这并不是我们经常使用的系统的一部分，至少不是以我们需要的方式和方法存在的，如今嵌入式分析正在成为一个成功的数据与数量解析策略的关键部分。

在数据与数量解析策略中，嵌入式数量解析涉及很多方面。我们知道，数据民主化对数据与数量解析策略的顺利实施是极为重要的，我们需要把数据和信息资料公开，这样才能充分利用人力资源和员工的惊人才能，而这通常是通过商务智能工具完成的，但是如果能够通过将分析嵌入经常使用的系统中来改进它，结果会怎样呢？这看起来像什么？下面来看几个案例。

其一，假设你是一个拥有大量客户的销售代表，你现在希望进一步扩大组织的客户群，并希望建立新的客户关系同时稳固已有的客户关系。你所在的组织正在启动一条新的产品线，你想向你的客户进行推介。可是，你不确定应该向哪个客户进行推介。对此，如果你的销售软件内置了一种数量解析功能，可以更好地过滤、剖析和认识你的客户群，结果会怎样呢？这会使你能够敏捷和快速地做出谁是新产品线目标客户的决策。要是没有这样的嵌入式分析功能，你将不得不请求别人帮你过滤数据或获取报告，从而减慢了工作节奏，我们都知道的，时间不等人啊。

其二，是关于仓库和产品线库存的案例。在我年轻的时候，我曾管理过仓库，主要负责仓库管理，搞好库存物资的进出库管理，我不仅要保证提供充足的产品到货架上，而且要及时地处理客户的订单。如果输入准确的话，我们使用的软件会快速更新（看到了吧，即使在管理仓库时你感觉不到数据对你有什么作用，但确实不是这样的），这时就能看到该产生还有多少库存。如果在出货软件中嵌入了数量解析功能，那就可以根据过去的记录查看客户可能的订购量，或者可以查看出货过程中的不同分析结果，而这一过程，是不是有助于我们对出货订单做出敏捷和快速的决策呢？更何况，嵌入式分析功能是置于前端的，使得员工随时能使用数据。尽管如此，很多时候还是有人认为仓库管理员不需要具备数据认知素养、不需要懂得数量解析，不过这可能与事实相去甚远。只有当连仓库管理员都具备这些方面的能力时，组织才有可能是有能力的。

其三，是关于我个人生活的案例。如果你阅读了这本书，你可能会发现我热爱超级马拉松运动。在我训练的时候，我需要时刻关注我身体方面的数据和信息。如果有另一种更有效的方法来了解我的训练，以及我在进度和计划方面的表现，你想一想，我的超级马拉松策略是不是能更好地被制定出来？嵌入式数量解析是可以用在我平常的训练中的。

拿跑步来说，我使用了一款智能手表，以纪录我在山地上跑步的情况。这款智能手表功能很强大，不仅可以记录和监测我跑步的里程和海拔高度，还将记录我抬脚的垂直升降高度、速度、节奏、心率（最大值和平均值）、最大摄氧量、消耗的卡路里等信息。我可以把我的手机和智能手表联结起来，通过研究这些测量的结果，看看我能做些什么。通过利用这些嵌入式分析，可以改善我的全部超级马拉松计划。

通过上述几个案例，我觉得我们应该能看出嵌入式数量解析是一个非常有用的工具，能够促进数据与数量解析策略的实施。通过以上几个案例，我们应该能看出，不管我们在组织中扮演什么样的角色、处于什么样的地位，数据认知素养与嵌入式分析的关系都是非常密切的。只有具备了数据认知素养，我们才能正确阅读嵌入式分析的结果。只有具备了数据认知素养，才能用嵌入式分析结果开展过滤和提升活动，以及分析所提出的问题或获得解决这些问题的答案，乃至就我们的决定和其他人进行沟通。具备了一定程度的数据认知素养技能，就有可能通过好奇心从嵌入式数量解析中提出问题，然后通过它讲好故事，批判性地思考相应的信息。

云

“云”（The Cloud）这个术语可能我们经常听说，特别是在与数据打交道的时候。云不是神秘莫测的东西，它本质上是存储和维护数据的网站。过去，组织把它的数据保存在本地数据仓库或其他介质中。这样的做法从理念和策略上来说，自己的数据自己存储有可能代价太高，因为我们不得不持续地存放数据，并购买越来越大的服务器，云可以让组织把数据存放在非本地的其他地方。

把数据移动到云中，这与数据与数量解析活动相关吗？绝对是有关系的。云带来的好处是：灵活性强，可靠性大，投资小，随时随地接入，修复容易，环保节能，安全性能高，访问容易，也便于监控[10]。所有这些均表明，云应该是数据与数量解析策略的组成部分。

当涉及数据流畅性的时候，数据认知素养与云之间的关系是很密切的。把数据实际移动到云或知道从何处访问数据时，数据认知素养不是那么重要或并没有扮演着很重要的角色。但是，无论数据存放在何处，我们总是需要通过自己的数据认知素养技能分析数据的。

边缘分析

在数据与数量解析中，边缘分析是一个新的而又有用途的领域。“简言之，边缘分析不需要等待云或本地服务器传过来的数据，而是即时从传感器、设备或接触点采集数据和分析数据”[11]。我们已经在上文中谈到过传感器，以及物联网的数据采集，边缘分析就是对传感器和相应的设备产生的数据实时进行采集和分析，它并不是对为做分析而准备好的数据开展分析。我认为，嵌入式分析和边缘分析有异曲同工之处。边缘分析属于实时发挥作用的数量解析，好比竞争性游戏。对此，再想象一下，边缘分析类似于从飞行中的飞机的引擎采集和分析数据，或者自动驾驶汽车的安全和健康数据分析。边缘数量解析是一种重要的数据分析方法，但它在数据与数量解析策略中起着什么样的作用呢？

在数据与数量解析中，边缘分析是有一席之地的。对于大多数员工来说，他们的工作是否需要与边缘分析打交道呢？可能不是，但在生产数据、收集数据和分析数据的时候，边缘分析可能是他们职责中的一部分。在整个数据与数量解析策略体系中，边缘分析绝对有它的用武之地。

就像云一样，边缘分析不关心数据是从什么地方采集的、存储在什么地方、怎么分析它，但我们必须要自信地利用我们的数据认知素养技能，确保整个组织能运用边缘分析。边缘分析的作用是毋庸置疑的，与数据与数量解析领域中的许多其他事物一样，组织如果没有采纳和实现边缘分析，有可能会因此遭遇失败。因此，我们需要利用我们的数据认知技能，帮助组织顺利推进边缘分析，不要因为员工对数据认知素养的认识程度不足而使公司在数据与数量分析工作上的这项投资得不到应有的回报。

地理分析

在本章的最后一节，我们来介绍地理分析。尽管我把地理分析放在最后介绍，但这不等于说数据与数量解析策略的应用就到此为止了，数据与数量解析策略领域的议题很多，远不止本章所介绍的这几个。

地理分析又叫作地理环境分析。近年来，地理分析已经得到了长足的发展，它主要是使用地理空间数据，然后把它们映射到地理区域中。下面以一些案例来说明如何认识地理空间信息。

· 病毒的蔓延及其影响问题。现在全世界都看到了新冠肺炎疫情对全球产生的影响。在新冠肺炎疫情肆虐全球的时候，可以用地理分析来展示经济在全球不同时间和不同地区的开启与停摆。

· 销售问题。如果用地图来反映产品销售问题，我们可以看出哪些地方的顾客购买了我们的产品、哪些地方的顾客没有购买。用地理信息系统来反映市场销售情况，这是一个很有用的方式，以此可以了解到销售的趋势和客户群的购买信息。

· 犯罪问题。通过数据与数量解析的地理地图系统，组织可以绘制并掌握哪些地方发生了犯罪活动、发生了什么类型的犯罪，以及犯罪的动向和模式，直至找出犯罪嫌疑人。

· 数据可视化。就像我们已经看到的那样，地理数量解析的工作方式之一就是把数量解析的结果映射到地图上，当然也可以映射到人体、汽车上等。通过这种方式，可以把数据标注在人体、汽车等不同的地方，以便认识和分析数据信息。

· 供应链管理。供应链是很有用的物流策略，通过地理分析，组织可以认识到它们自身的供应链发生的事情，以及潜在障碍可能出在哪里。

地理分析是对组织数据与数量解析策略的有力补充，也是数据认知素养的独特组成部分。组织应该在适当的时候在策略中利用地理分析，只不过不强求而已。适当地使用它，在它能起帮助作用的地方使用它，但是某些东西可以被映射并不意味着它应该被映射。这是所有组织都应该要了解和学习的：组织可以在数据与数量解析中做一些事情，但并不意味着组织应该这样做。弄清楚这一点，可以说也是数据认知素养的一项重要技能。

数据认知素养的要素和特征，同样可以用在地理分析中。认识和阅读带有数据信息的地理地图是我们的必备技能之一，阅读带有数据信息的地图本身不是什么难事，只不过我们首先需要进行一般的数据与数量解析的学习。久而久之，我们会适应、运用和提升我们的地理分析能力。

本章小结

就像已经交代过的那样，上述关于商务智能、人工智能、机器学习与算法、大数据、嵌入式分析、云、边缘分析、地理分析等的介绍，并不是数据与数量解析策略的全部内容，但它们却是与数据与数量解析关系比较密切的内容。对每个人来说，这一章所介绍的内容都有助于提升数据流畅性。在这一章里，介绍了机器学习、边缘分析、地理分析等。如果没有这一章内容的学习，当有人和你谈起这些方面的话题时，你是不是能很好地与之开展对话交流呢？如果你学习了这一章内容，并能非常自信地说："我现在能和别人开展交流了"，那我就感到非常欣慰了。也许，我们目前不能全面地做到，但至少我们能对此有所了解了吧。通过本章内容的学习，增加了我们与他人进行对话交流的机会，扩展了数据与数量解析策略的相关知识，丰富了我们的数据认知素养，也使我们了解了怎么把数据与数量解析方法、数据认知素养应用到这些领域，所有这些内容的学习都能为我们今后学习其他与数据与数量解析有关的议题奠定基础。

参考文献

1. Frankenfield, J (2019) Business Intelligence – BI, Investopedia, 23 June. Available from: https://www.investopedia.com/terms/b/business-intelligence-bi. asp (archived at https://perma.cc/MKG5-HPQ8).

2. Adams, RL (2017) 10 Powerful Examples of Artificial Intelligence In Use Today, Forbes, 10 January. Available from: https://www.forbes.com/sites/ robertadams/2017/01/10/10-powerful-examples-of-artificial-intelligence-inuse-today (archived at https://perma.cc/J289-QZB4).

3. Cogito (undated) About Cogito Corp, Cogito. Available from: https://www.cogitocorp.com/company/ (archived at https://perma.cc/6BYK-CJYY.)

4. Newport, C (undated) Book – Deep Work. Cal Newport. Available from: https://www.calnewport.com/books/deep-work (archived at https://perma.cc/ 4UXA-RWF5).

5. Merriam-Webster (undated) Definition of Algorithm. Available from: https:// www.merriam-webster.com/dictionary/algorithm (archived at https://perma.cc/ MES3-CS4Y).

6. Hao, K (2018) What is Machine Learning? Technology Review, 17 November. Available from: https://www.technologyreview.com/2018/11/17/103781/ what-is-machine-learning-we-drew-you-another-flowchart/ (archived at https:// perma.cc/EYK4-8JRP).

7. Frankenfield, J (2020) Machine Learning, Investopedia 17 2020. Available from: https://www.investopedia.com/terms/m/machine-learning.asp (archived at https://perma.cc/UBC3-JHGE).

8. Oracle (undated) What is Big Data?, Oracle. Available from: https://www. oracle.com/big-data/what-is-big-data.html (archived at https://perma.cc/ 7GGR-85DT).

9. Logianalytics (undated) What is Embedded Analytics? Logianalytics. Available from: https://www.logianalytics.com/definitiveguidetoembedded/what-isembedded-analytics/ (archived at https://perma.cc/H77M-RHST).

10. Software Advisory Services (undated) Why Move to the Cloud? 12 Benefits of Cloud Computing in 2019, Software Advisory Services. Available from: https:// www.softwareadvisoryservice.com/en/blog/why-move-to-the-cloud-12- benefits-of-cloud-computing-in-2019 (archived at https://perma.cc/ TF52-FGPN).

11. Ismail, K (2018). What is Edge Analytics? CMS Wire, 14 August. Available from: https://www.cmswire.com/analytics/what-is-edge-analytics (archived at https://perma.cc/CAU4-MZ5J).

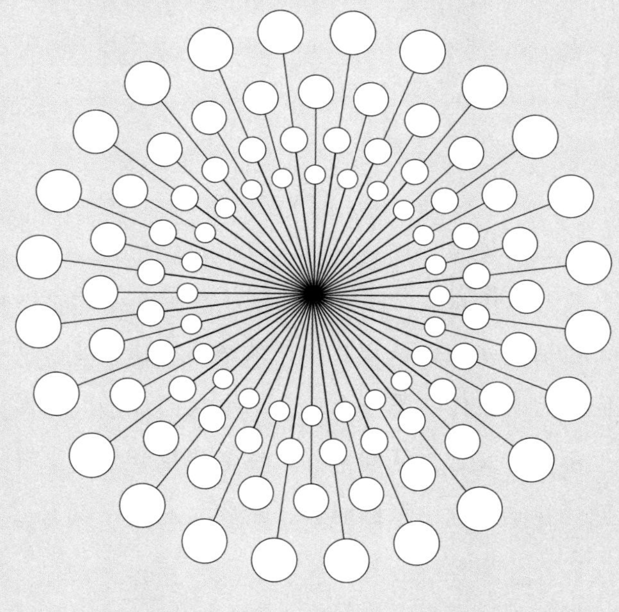

11

开启数据和数量解析旅程

在这本书中，我们已经讨论了数据认知素养的许多议题和很多关键方面，包括建立数据认知素养和策略的步骤。这一章是本书的收尾，我们一起来整体熟悉一下怎么从事我们自己的数据认知素养活动。这里不仅涉及数据认知素养，也牵涉数据与数量解析的许多其他的议题。在结束这一章的时候，希望大家能在以下三个方面有所收获：

- 学会从什么地方入手开启自己的数据与数量解析之旅；
- 如何享受地开启数据与数量解析之旅；
- 带着兴奋迫切的心情开启数据与数量解析之旅。

这一章着眼于我们生活的世界，尤其是COVID-19所带来的影响，以便为我们的未知旅程提供更好的指导。与此同时，本章将用食物配料做类比，以帮助读者了解和掌握数据认知素养、数据与数量解析顺利达到目的所需要的成分和配料。就个人而言，我喜欢烘烤食物，如果我把错误的配料加进我的点心中，或者我放的配料量不合适，那我肯定不敢奢望烘烤出来的是可口的食物。事不同理同，数据认知素养与数据与数量解析也是如此。然而，在现实生活中，一些组织时常投放进错误的配料，或者干脆不放配料。对此，下面将会给出详细的说明。

不过，在正式讲解开启数据与数量解析旅程之前，我想提醒读者，开启数据与数量解析之旅的一个很重要的出发点，是要培养自己端正的心态。这应该是一种思维模式，即数据与数量解析的世界将会周期性地演化着、转变着和发展着。世界正在迅速地发生着变化、转变和演化，这种世界观本就应该是贯穿本书的议题。越来越多的数据不断地产生出来，对此，我们不能停滞在过去的状态，采用过去习惯的方式做事情，我们必须要保持随时起跑的姿势并时刻准备好怀着激情拥抱新事物。本书不打算讨论如何发展这种心态，读者可以从很多其他的书中找到适合自己的发展方法，但是要想在数据与数量解析中有所收获，我们每个人都需要注意并认识到，数据与数量解析是一个快速且不断演化的世界。对未来、数据、一般的数量解析及其趋势了解得越深入，我们为开启数据分析之旅所做的准备就越充分。

正确的思维方式和对数据未来的了解，确实可以帮助我们打下数据旅程的坚实基础和良好的开端。我坚信，拥有的知识越多，就越能为我们的事业做好准备。我还想表明一点，本章中讨论的议题也是针对个人生活的。在可预见的未来，我们一定会生活在数据驱动的世界中，我们生产出来的数据越多，我们的生活就越离不开数据。下面将讨论一个冲击和影响着每个人的生活、永远改变着数字时代与数据与数量解析面貌的话题，这就是发生在2020年的COVID-19疫情。

COVID-19与数据和数量解析

2020年年初，世界发生了突如其来的变故。说句实话，在这场世界性流行病和由此造成的停摆中，我个人的经历是相当滑稽的。2020年2月底，我带着全家正在一艘游轮上度假，3月1日返回家中。在那之后不久，我所在的州、全美乃至全球都停顿下来了，旨在预防新冠病毒的扩散。当这种情况发生和停摆出现时，世界不得不进行调整，数字化与数据驱动的生活和劳动方式变成了常态。居家办公和类似的事情不再让人有耻辱感，因为很多组织都被迫这样做，由此组织不得不重新审视数据与数量解析中的做事方式。

当组织看到世界经济一夜之间崩溃和发生转变时，决策也需要转变，需要变得更好、更快和更敏捷。作为个人，我们需要开始做出新的、更明智、更敏捷的决策。在这两种情况下，无论是个人还是组织，都需要更明智、数据驱动的决策来帮助渡过这一难关。遗憾的是，我们发现很多组织并没有真正地进行数据驱动，甚至也没有做好准备。这种“新常态”将继续存在，对于组织和个人来说，这是一个数据和数字驱动的世界。

作为个人，在疫情期间，各式各样的图表、统计数据，以及比我们所知道的要多得多的信息铺天盖地，以至于让我们感到麻木。遗憾的是，并非所有这些信息和数据都是准确的。事实上，在我们的生活中，虚假和不真实的信息敲击我们的案例有很多。在处理类似流行病的事情时，任何东西都不应该干扰数据，更不能带有政治偏见，也不能感情用事。在新冠病毒流行期间，捏造的和不真实的信息满天飞，为此世界卫生组织（World Health Organization，WHO）称之为“信息流行病”（infodemic）。你们可以说我疯了，不过我要辩解的是，这就是与数据认知素养有直接关系的工作。

我围绕着 COVID-19 危机，对数据与数量解析的未来发表了演讲和文章，指出了有一些趋势和重要的事情将以许多不同的方式影响我们的生活[1]。我谈到的一些关键问题，是大家在学习和理解如何开始数据与数量解析旅程时可重点关注的问题。

数据驱动文化

“数据驱动文化”是一个流行语，并将继续流行下去。人们发现，组织正争先恐后地弄清楚自己能做些什么来更有效地成为数据驱动。组织想要拉动但又无法拉出来的那些杠杆，对组织想要成功地建立数据驱动文化已经变得越来越重要。研究并投入时间学习如何越来越多地形成数据驱动，这可能是需要关注的最重要的事情。对个人而言也是如此，对于个人的职业生涯，我们需要关心如何才能真正成为数据驱动者。我们每个人在生活中都会有许多可以通过数据来帮忙做决策的地方。例如，买房；为了我们的未来着想，可以进行哪些方面的投资等。当开始数据之旅并了解未来时，请将想法和心态集中在数据驱动的意义上，这也应该成为我们的数据认知素养技能的组成部分。

数据与数量解析

无论对组织还是对个人，COVID-19 疫情的流行带来的最大变化是数据与数量解析被接纳，这就是我将要说的所谓“新年心愿（New Year’s resolution）综合征”。当我们研究组织和组织希望用数据完成的事情时，都是说一套（作为个人，我们也一样），但做的却是另一套。组织和那些个人都说想这样做，但当看到世界范围内停顿下来的时候，却没有这样做。接纳不是听起来像什么，而是采纳数据与数量解析，把它变成作为员工的我们或我们个人生活的组成部分。

在开始数据之旅前，我们能做的最好的事情之一就是找出自己在数据知识、经验等方面存在的差距。要做到这一点，客观地开展评估，找出我们有哪些技能，没有哪些技能。通过评估，可以确定生活中采用数据与数量解析的正确学习方式。很多时候，我们会审视自己已经具备了什么，我们有什么优势，然后在这些优势上实施学习。从数据与数量解析的角度来看，我们能做的最好的事情之一就是找到我们不具备所需技能的地方，然后加以改善。

带着这种关于采纳的想法，找到那些能帮助我们获得成功的东西。我们常常可以从我们的“新年心愿”没有成功的原因中看出这一点，因此我们把“新年心愿”命名为“新年心愿综合征”。如果我们想在生活中接纳一些东西，那就去寻找一些我们知道且会采纳的东西。如果我们不想在个人生活中建立数据可视化，那就不要做，但要找到数据对我们生活有好处的地方，并以这种方式采用。最终我们会找到那些不太适应的事情，但在那之前，得从我们能取得成功的事情开始。

数据认知素养

我很高兴看到COVID-19带来的变化，以及数据与数量解析分析的未来在于数据认知素养。我们已经详细讨论了这一点，但当开始数据之旅时，请将数据认知素养学习放在重中之重的位置。

COVID-19在许多方面改变了世界，只不过有些相当悲惨，但它也迫使组织和个人重新评估自身的数据和数字格局，这有助于我们评价和认识数据的未来将带领我们去哪里。我们不再生活在一个数据与数量解析很好选择的世界，因此需要充分运用数据与数量解析。2020年发生的新冠疫情给世界带来的改变将继续存在，我们必须利用好我们身边的数据和数字所带来的力量。

制作食谱

我喜欢烤饼干，你喜欢做什么美食呢？你可能会问自己：做饼干或做饭与开启我们的数据之旅有什么关系吗？这个比喻不仅适当，而且完全正确，可以帮助你不错过关键调料并开始你的旅程。这是一个极其简单的思维过程，但有着深远的影响。

在烘焙某种食物的时候，无论配方是什么，都有一个顺序、步骤和配料要添加到食物中。一开始，也许你必须把你的烤箱预热到一定的温度，但在此之前必须准备好你将放进去的美味。你必须预备正确的搅拌锅或平底锅，也许是你的搅拌机等。还必须预备原料，这在某些情况下意味着你要提前几个小时把它们放出来解冻或达到室温。然后，一旦准备好烹饪，你就需要按照这个过程或模式把配料加入搅拌机、壶或平底锅中，然后放入烤箱。即使这样，一旦进入烤箱，你也要一边检查确保它的烤炙程度，一边清理刚刚弄脏的东西。当你的食物烤好，放在烤箱里保温，这一切就绪后，你就可以拿出来享用了。

为了保证你所做的食物美味，应该按照食谱和方案进行。如果你忘记了添加调料，或者烤箱的温度设定错误等，还能做出你希望做出来的食物吗？做出来的食物肯定会不好吃的。另外，即使采用的食谱是合适的，我们也不应该抱着侥幸心理寄希望于“也许这样就能做好”。对我们的数据之旅，同样可以这样说。

像婴儿学走路一样，当我们迈出数据之旅第一步的时候，需要去做的关键事情是，我们要有合适的“数据之旅食谱”。这是什么意思呢？对即将开启数据之旅的你来说，迈向数据之旅食谱中数据认知素养的第一步的上策，就是通读本书，但这仅仅是调料之一。关于数据认知素养体系及其涉及的范围，我们谈论了很多，我们讲过如果想让数据与数量解析得到正确实施，其策略的制定是非常重要的。就在前一章中，我们对开启数据与数量解析之旅过程中经常听到的流行术语及其之间的异同，还介绍了一些议题。

从所有这些重要调料（数据认知素养的四个特征、数量解析的四个层次），到合适的锅和盘子（做食物需要用到的工具），到完整的数据与数量解析的食谱，我们已经为大家设计了细致和合理的开端。为确保食谱完整，还需要关注一些重要的方面。

· 物色一位师傅。为何师傅如此重要呢？当你按照食谱烹饪或烘烤食物的时候，我们没有谈到的一件事，就是谁事先帮你制订了食谱，师傅便是这样的人，他会细致地规划你应该做的事情，然后现场指导你怎么做出美味的“东西”，换句话说，在你面前有人为你那份美味的食谱做好了铺垫，与之对应，数据与数量解析的活动也是如此。在做数据与数量解析的时候，总有一些人在此之前已经做过这些事。这些人通过自己的成功和失败搞清楚了需要放多少糖、加几个鸡蛋。我深信，有很多人确实懂得数据与数量解析之旅的配料要如何把握，如果有这样的人，我的建议是，请教他们。借罗杰斯先生的邻居弗雷德·罗杰斯（Fred Rogers）先生的话来说，一定要“找个帮手”[2]，找到那些在数据与数量解析的漫长道路艰难前行并取得成功的人，这些人就是能给你提供帮助的人。

· 对自己和合适的工具做些投资。在你拿起这本书之前，你是否有自己的数据工具套件，如 Tableau 或 Qlik？你有没有像 Alteryx 那样让数据科学变得简单的工具？你有没有读过数据与数量解析方面的图书？如果你没有做过数据与数量解析，客观地说，通读这本书就是你很好地迈出的第一步。如果你接触过数据与数量解析，有可能你已经迈出第 11 步了，不过我要说的是，从事数据与数量解析活动，读一本书可能远远不够，我们必须要不断地加大对自己的投资，我们讨论的一些议题是数据可视化学习和使用合适的工具。很多这样的公司会给你一个免费的试运行期间，可以不断尝试，找到一个你喜欢的，据此，建议加强对自己的投资！另一个讨论过的话题，是用数据讲故事。你能做些什么以提高用数据讲故事的能力呢？是的，当然是学习了，但也要主动地参加一些会议或做一些公开演讲，练习、练习，不断地练习，通过积极做你需要做的事情，来寻找改进的机会，我们可以随心所欲地阅读和学习，但实践是关键。总的来说，投资自己和合适的工具是你获得成功的重要事情。

· 想尽办法去实践。关于这一点，我们在上面做过提醒了，必须要着手开展实践。我们可以学习烘焙蛋糕，学习像迈克尔 · 乔丹那样打篮球的知识，或者学习像泰格 · 伍兹（Tiger Woods）那样打出完美的推杆，但阅读并不能转化为技能，要想在数据分析方面有所成就，其秘诀在于将所学的东西付诸实践。不管是不是在你的生活中已经第一次尝试开展数量解析四个层次的分析，还是你已经找到了一个让你眼前一亮的描述性分析，你都需要弄清楚或者想一想，究竟是什么原因让描述性数量解析是这样进行的，如果你做了 x，你可能需要通过实践预测 y 会发生什么，然后，不断地进行评估。如果你从未做过数据知情决策，建议你按照前面介绍过的数据知情决策的思路进行实践，不断大胆地进行尝试，按照给定的步骤一步步来，通过反复实践就可以熟能生巧。不过，有一点需要提醒读者，这不能是一般意义上的例行公事的实践，任何人都可以到操场上打篮球，我非常喜欢最近流行的一个概念“刻意实践”（deliberate practice），它指的是“有目的、系统化的那种特别类型的实践”[3]。不要只是走过场，而是冷静地坐下来，找出你的差距，努力加以改进。

以上几个方面，虽然并不是关于如何创建完美的数据与数量解析“食谱”的全面论述，但它们是一个很好的开端，据此，你可以做一些事情以开始你的数据与数量解析之旅。

主动数量解析和被动数量解析

为了帮助大家制订数据与数量解析旅程合适的起跑线，本章前面已经提到过“思维模式”这个概念，这里将直接深入数据与数量解析的一个思维模式，即主动数量解析和被动数量解析。不过，需要提醒大家的是，这两种类型的数量解析都很重要。但是在企业内部反应使数量解析陷入了困境时，我们需要做大量的工作才能摆脱出来。我在 Qlik 上的一篇博客文章中提到了这个话题，在文中我首先提出了一个问题：“我们中有多少人觉得，在每次从事数据与数量解析项目时，我们好像都在充当救火队员的角色？”[4]

其实我可以用另一种方式提出这个问题，因为我敢打赌这是我们经常感受到的，哪怕它与数据与数量解析关系不大，这个问题是：我们中有多少人会觉得我们当下所做的工作总是为了灭火或是对某事做出反应而做的，而不是凭自主意愿去工作的？我发现这个话题非常有趣，我们需要为自己的职业生涯持有更好的心态，这样才能真正获得正确的答案和解决许多问题的方案。

当我想到积极心态和被动心态时，我的思绪转向了史蒂夫·乔布斯（Steve Jobs）和苹果（Apple）系列产品。如果你对史蒂夫·乔布斯的一生有所了解的话，就会知道乔布斯会主动地设定市场并推动它，而不仅仅是对市场做出被动的反应。是的，这是对计算机世界中缺失的东西的反应，当然，我们可以随时随地就这些术语的细微差别进行争辩，但总的来说，史蒂夫·乔布斯为世界定下了基调。在第一部iPhone问世之前是什么情况呢？不存在，iPhone是第一款。史蒂夫可能看到了市场，他确实做出了反应，他主动地定下了基调。那么，第一批iTunes和iPod呢？是的，以前有很多东西，但把我们所有想听的歌曲都放进口袋是天才，iPad也是如此。一言以蔽之，这些伟大的发明是因为史蒂夫没有等待市场的到来，他创造了市场。

在数据与数量解析旅程开始时，我们需要培养这种心态。是的，史蒂夫·乔布斯确实能看到市场上的空白，能对这些空白做出反应，并积极制造出令人惊叹的产品，但这不是这里讨论的那种反应。你有没有在工作会议上遇到过老板说：“看这些数字，我们不能这样。嘿，斯蒂芬妮，去弄清楚这里发生了什么。”或者“我们现在正在进行消防演习，午餐前需要x、y和z”。客观地讲，我们在被动工作和主动工作之间承受着巨大的痛苦。

在数据与数量解析中，这是一个非常普遍的现象。许多分析师没有在研究市场、趋势等方面做出令人惊叹的工作，而是发现自己陷入了一个永无止境的反应式分析的怪圈中，一个问题出现，他们就会被拉进来回答并做出反应。请注意，我并不是说没有被动数量解析的地方。相反，它们有时是必要的，是数量解析四个层次中的一部分。不，我是说这是我们需要小心的心态。如果我们的数据与数量解析总是如同扑灭火灾，我们将永远无法在第一时间预防火灾。换言之，我们不应该对周围的一切做出反应，然后做出决策，而应该走在游戏的前面，利用我们的数据认知素养技能、数据与数量解析工具来设定市场，而不是对市场做出被动的反应。

主动数量解析和被动数量解析的一个极好的事例，就是COVID-19危机。全世界都在看着不同的国家的企业纷纷关门，只能对眼前的所有数据和新闻做出被动的反应。有时，有些被动反应在某些领域或案例中走得太远了（可以写一整本关于理解所有这些事情的书，我猜有人会写的）。现在，世界正在处理它以前从未处理过的事情，因此我理解，组织可能还没有准备好处理这个问题，可是流行病并不是新现象，它已经在世界各地发生了几个世纪。当一场流行病袭来时，世界能有更充分的准备吗？我们是否可以采取措施，不仅在健康和保护方面，而且在经济方面和企业方面，确保更安全呢？

在数据与数量解析中，我们需要培养主动的心态而不是被动的思维模式。被动的、反应式的数量解析有它的作用，甚至有时也是必要的，但通过研究趋势和了解世界上正在发生的事情，更要致力走在曲线之前。建立一种积极心态，不断推动主动数量解析，建立预测，然后精进我们的技能。只有这样做，才能帮助我们自己和我们所在的组织。不要像其他人那样做出被动式反应，而是积极主动地进取。

从基础开始

从基础开始，对于大多数人来说，这似乎是一个不言而喻的问题，但事实并非如此。我觉得这很有趣，作为成年人，很多时候我们被告知一些基本的事情有助于我们获得成功。这并不是一个新现象，也许这种含蓄有时会让我们感到沮丧或烦恼。在数据与数量解析的世界里，在开始数据分析旅程时，一定要关注基础知识。

在数据与数量解析的世界里，人们被外表漂亮的、光彩夺目的东西迷惑了。曾几何时，我们被最新技术弄得心旌摇曳，但这样做，我们就远离了能够引导我们获得数据与数量解析成功的健全和智慧的道路。数据与数量解析的世界充满了夸大技术或流程的事例，包括大数据或数据科学，鼓吹这些事可以解决个人或组织所有数据和数据分析的需求。在过去的十年里，大数据和数据科学被不断地灌输到我们头脑里，使得人们张口闭口无不是大数据和数据科学，以至于它们被吹捧得神乎其神，以为有了大数据和数据科学人们就看到了光明。客观地讲，大数据也好，数据科学也罢，它们都有着自己的用武之地，也都很重要，但它们并不是满足我们的数据与数量解析需求的唯一解决方案。然而，不幸的是，组织咬住它们不松口，以为它们能解决所有的问题。如果你愿意的话，当数据与数量解析成功地与工具结合起来的时候，它们就会被无情地抛在一边。

在开启你的数据旅程的时候,从最初的源头开始,致力基础知识。从学习数据本身的入门级课程开始。例如，什么是数据？它是如何工作的？如何获取数据？等等。另外，对数量解析来说，也要从入门级课程开始学起。如果你甚至不知道推理分析在泳池的浅水区是什么，就没有必要跳到泳池的深水区，一味地去学习有监督和无监督的机器学习。明智地讲，应该从基础做起。

我最喜欢告诉那些想学习新技能的孩子们的一件事，就是去观摩和求教专业人士。这些人在做什么？你看到职业篮球运动员花了一整次练习，在他们曾经尝试过的最精细的扣篮上，还是你看到他们在做基本的运球和投篮训练？你看到职业高尔夫运动员在高尔夫球练习场上练习最疯狂的沙坑击球或削球击球上，还是他们正在努力训练一些标准动作？

在数据与数量解析的旅程中，我们也需要这样做。从学习数据可视化的基础知识、工具的工作原理等入手，久而久之，我们将能提升我们的技能，创建令人刮目相看的可视化，讲述着动人的故事，以帮助展示我们的见解。那一天一定会到来的，但我们需要从小事做起。就数量解析来说，从更好地阅读描述性数量解析开始，努力地理解它们，了解它们是如何发挥作用的，如何更好地开展分析结果的沟通，等等。然后，继续往前推进，把诊断性数量解析做好。学会使用呈现在面前的数据和信息，提出令人称赞的问题并讲出理由。这样做，我们完全可以取得进步和提升自己。一言以蔽之，从最基本的东西入手，开启我们的数据与数量解析的旅程。

数据与数量解析的游戏化应用

对数据与数量解析来说，有些人会认为它们令人望而生畏。是的，确实有这部分人存在。我会觉得它讨厌吗？不！但很多人会埋怨和惆怅，为何要接受数据与数量解析的学习（我知道，令人震惊，但它却发生了）。长期以来，数据与数量解析一直被视为令人恐惧的话题。人们不想插手和学习这些东西，因为害怕有一天会变成一个编码员或统计学家，或者，是的，我会说，一个“书呆子”（我的昵称是书呆子首席官，我绝对喜欢这样的称谓）。这种心态把我们带回到上学年代的数学课上，我不禁会问：“我什么时候才能在现实生活中使用这种方法？”这是一个很好的问题，答案是终此一生都使用数学。

到目前为止，在我从事数据认知素养工作的过程中，我最喜欢来自南美的一所工程大学的询问，那里有人问我是否可以提供帮助以不同的方式教授微积分。这是一个十分奇怪的要求，但是当你了解了学校是如何教授微积分的时候，你就会明白人家为什么会提出这个要求。我记得，学生们几乎都在质疑：“在现实生活中，在哪里可以使用得上它们呢？”课堂教学需要转向适用性和基于背景的学习方法，这不仅仅是这所大学的问题，也是全世界在数据、数量解析和教育方面面临的问题。

为了帮助大家正确地开启数据与数量解析之旅，我们需要了解适用性和问题的背景。在我们的旅程中，我们可以做的一件事情就是让旅程充满趣味。当学员们完成我的项目或课程时，我经常被问道：“我们最后会得到某种认证或徽章吗？”这是一个多么美妙的问题！是的，你应该为自己的数据与数量解析之旅颁发徽章和搞个认证。要开始你的旅程，就要找到用数据与数量解析来“娱乐”自己的方法。当你完成一个课题后，你将如何奖励自己呢？在完成某个部分的学习后，你将如何把你所学到的知识应用起来呢？这些都是你要提醒自己的重要问题。如果你喜欢你正在做的事情，而不是在无聊和不感兴趣之中经受着煎熬，那你将会更成功地推进你的数据与数量解析旅程。

找到能激发兴趣的事情

数据与数量解析的世界是广袤而深厚的，仅仅在这本书中，想一想我们介绍了多少个议题，恐怕为数不少了吧。这本书的主旨是数据认知素养，没有过多地涉及数据治理、数据质量或其他数据策略。须知，它们当中的每个都可以写成一本书。如此众多的可供选择的方法，实际上给我们带来了问题，而不是帮了我们的忙。

在这个世界上，我们似乎认为拥有大量的选择是一件美妙的事情，不要误解我的意思，我相信拥有多种选择可以极大地提高人类的效用。然而，有的时候，大量的选择可以阻止我们，让我们死在我们的轨道上。我们看到眼前的大片风景，不知该如何是好。例如，我对山峦和乡间小径的热爱是无法言喻的，可是一旦站在山脚下时，它可能会让人感到害怕，我们不禁会问自己："我到底该怎么办啊？"当然，标准答案可以是"一步一步地往上爬"。是的，我明白了，但理解了这一点并不一定能消除我们的恐惧和害怕心理。

当我们看到数据与数量解析的广阔前景和强大力量，以及我们必须从中选择和学习多少种不同的选题时，这可能会给我们带来巨大的压力。一旦这样的情况发生，很多人就有可能会知难而退，回到他们正在做的事情的常态程序，甚至拒绝开始数据与数量解析这个旅程。对数据与数量解析之旅，就像一步一步地爬山一样，我们可以一步一步地开始我们的行程。为了帮助我们做到这一点，应该选择一些能激起我们兴趣的东西。

数据认知素养，以及一般的数据与数量解析，并不是“一刀切”的。学习、方案等各不相同，我们虽然同属人类但也存在很大的差异。因此，在阅读这本书的时候，找一个能激起你兴趣的话题，或者你在电视上或广告上看到的东西，然后从那里开始。我觉得太多的数据与数量解析之旅没有开始，因为人们不知道该从哪里开始，或者感到不知所措。不要紧，也不要担心，在你之前还有很多人在那里。选择一个能够吸引你眼球的话题，然后跟着它跑。记住，虽然不是每个人都需要成为一名数据科学家，但我们都需要对自己的数据与数量解析之旅，以及数据认知素养充满信心。

找出自身的原因

在本书的最后一章中，谈论了一些有关数据与数量解析的“十分怪异”的想法。一想到数据与数量解析，通常会倾向于想起数据本身、技术、工具、可视化、数学、统计学、编码等。在这一章中，着重谈论了烘焙食物的事例、持有正确的心态、游戏化对待事情、找出自己感兴趣的东西等。在周游世界期间，我时常关注这些话题，知不知道我为什么关注这些方面呢？我个人的观点是，相比于数据与数量解析技术，这些东西更有助于个人在数据与数量解析中获得成功。如果把关注放在技术上、世俗上，这些方面会被认为是“无聊”的，那么，好吧，它们将继续保持这种方式，而新生代更不会把注意力集中在这些事情上。我还发现，通过在数据与数量解析中采用这些被视为古怪的思维方式，个人将获得更多的认同，并更有效地接纳数据与数量解析。一旦到了那里，就可以潜入技术含量更高、难度更大的领域，只不过我们不能一开始就投入其中。为了帮助我们拥抱这段旅程，我将把它列为本章结束语之前的最后一节，但实际上，这应该是你的第一步：找到你的自身的“为什么”（原因）。

为什么在数据与数量解析中找到“为什么”很重要？我们就不能走个过场吗？当然可以，但你认为这样做究竟能多有效呢？想想你生活中喜欢的东西和任何事，它可以是一种爱好、一部电影、一本书、你的家庭等任何东西。你只是用那玩意儿来充门面吗？不能！为什么呢？因为它对你有意义，也很重要，它存在着原因。有了这个原因，你就专注于它，你决心使它成功，你想给它带来意义，或者在这个领域里有许多其他的原因。对数据与数量解析来说，也是这样的。

世界已经发生了根本的改变，“往事不能回味”，我年轻和童年那样的世界完全不存在了，我们也不会再回到过去了，你知道吗？我对此感到非常高兴！我们生活在一个绝对引人入胜的世界里，如今的数据和技术甚至使20世纪90年代的数据和技术相形见绌，而未来的数据和技术必将和我们现在的数据和技术不可同日而语。没关系的，数据与数量解析现在已被编织在我们的世界里。拥有在这些领域的发展技能对你的成功至关重要，能够在符合未来市场需求的领域中学习和成长既是必要也是必需的。

带着这些想法，思考一下手头的话题。你的理由是什么？你想通过数据认知素养与数据与数量解析来完成什么？你想用数据与数量解析来创造你多年来一直想要的职业吗？你想用数据与数量解析为你和你的家人创造更好的生活吗？你想用数据与数量解析来帮助世界变得更美好吗？（顺便提示一下：数据与数量解析确实有能力改变世界，如果我们能正确使用它的话！）

这些只有你能给出答案。你可以告诉自己，这就是我想在数据与数量解析领域做的，这就是为什么！花点时间坐下来，把你的想法写在日记本上，或者写在一个你能轻易找到它们的地方。这样做，你将有的是写头，你将能够推动解决方案和答案。你会找到一个适合你的“为什么”。然后，你就可以开始你的旅程了。

本章小结

老子说：“千里之行，始于足下。”[5] 数据与数量解析的世界是宏大的，这一点毋庸置疑。数据与数量解析的世界可能是令人恐惧和让人生畏的，尤其是当你不想进入这个领域，或者你认为自己一无所知的时候。但我在这里告诉大家：在这个数据与数量解析的世界里，我们每个人都能找到属于自己的位置。关键是我们要积极行动起来开启自己的旅程。不要退缩，别担心人家说我们太书生气。不要害怕失败，一往无前地跳进游泳池，准备好享受畅游的乐趣。让我们开始吧！

参考文献

1. Morrow, J (2020) The Future of Data and Analytics, Qlik, 10 July. Available from: https://blog.qlik.com/the-future-of-data-and-analytics (archived at https://perma.cc/KU55-H9FP).

2. Goodreads (undated) Fred Rogers Quote. Goodreads. Available from: https://www.goodreads.com/quotes/198594-when-i-was-a-boy-and-i-would-see-scary (archived at https://perma.cc/7ZKN-TGTP).

3. Clear, J (undated) Deliberate Practice: What It Is and How to Use It. James Clear. Available from: https://jamesclear.com/deliberate-practice-theory (archived at https://perma.cc/FLV6-NRPV).

4. Morrow, J (2020) Reactive vs Proactive Analytics – Shape the Future, Qlik, 16 April. Available from: https://blog.qlik.com/reactive-vs-proactive-analyticsshape-the-future (archived at https://perma.cc/BH77-RUXR).

5. Forbes (undated) Forbes Quotes. Available from: https://www.forbes.com/ quotes/5870/ (archived at https://perma.cc/N2BE-88KD).

6. Anon(2012). lies, damned lies and statistics, University of York. www.york.ac.uk/depts/maths/histstat/lies.htm.